中华传统美德百字经

良·推重良心

于永玉 胡雪虎◎编

一段历史之所以流传千古，是由于它蕴涵着不朽的精神；一段佳话之所以人所共知，是因为它充满了人性的光辉。感悟中华传统美德，获得智慧的启迪和温暖心灵的感动；品味中华美德故事，点燃心灵之光，照亮人生之路。

天津人民出版社

图书在版编目（CIP）数据

良：推重良心 / 于永玉 , 胡雪虎编. —天津：天津
人民出版社，2012.6
　（巅峰阅读文库. 中华传统美德百字经）
　ISBN 978-7-201-07572-3

　Ⅰ . ①良… 　Ⅱ . ①于… ②胡… 　Ⅲ . ①品德教育—中
国—通俗读物 　Ⅳ . ① D648-49

中国版本图书馆 CIP 数据核字 (2012) 第 133696 号

天津人民出版社出版

出版人：刘晓津

（天津市西康路 35 号 　邮政编码：300051）

邮购部电话：（022）23332469

网址：http://www.tjrmcbs.com.cn

电子信箱：tjrmcbs@126.com

永清县晔盛亚胶印有限公司印刷 　新华书店经销

2012 年 6 月第 1 版 　2012 年 6 月第 1 次印刷

690×960 毫米 　16 开本 　10 印张 　字数：100 千字

定价：19.80 元

中国是一个具有悠久历史和灿烂文化的文明古国，也是举世闻名的礼仪之邦。在历史的长河中，中华民族创造出了绚丽多彩的物质文化和精神文化，为人类的发展和进步做出了重要贡献。其中，中华民族的传统美德被大家代代传承。

那么，什么是传统美德？什么是中华民族的传统美德呢？通常来说，传统美德就是在自觉或习俗的道德规范中，一些被大多数人所接受并实际奉行的，而且在现代仍有着积极影响的那些美德。具体到中华民族传统美德，概括起来就是指中华民族优秀的民族品质、优良的民族精神、崇高的民族气节、高尚的民族情感以及良好的民族礼仪等，是中华民族在历史实践过程中积累而成的稳定的社会优秀道德因素，体现在人们生活的方方面面，涉及政治、经济、文化、意识等领域，并通过社会心理结构及其他物化媒介得以代代相传。

经过长期的历史沉淀，中华传统美德已融入到中华民族的思想意识和行为规范中，成为社会道德文化的遗传基因，成为整个中华民族文化的精神内涵，也是中华五千年文明史的精髓所在。继承和弘扬中华民族传统美德，可以振奋民族精神，增强民族自尊心、自信心、自豪感和凝聚力，使社会主义道德规范具有更丰富的内涵，让社会主义、集体主义、爱国主义思想等更加深入人心，成为社会主义文化的主旋律。同时，还可以更好地协调人际关系，促进社会主义市场经济的健康发展，形成有中国特色的、适应社会发展的价值观和伦理道德规范。

前 言

1

国民的思想道德状况，尤其是青少年的思想道德状况，直接关系着一个国家、一个民族的整体素质，关系着国家前途和民族命运。目前，我国已进入改革发展的新时期新阶段，德育教育的价值和意义更是日渐凸显。大力弘扬中华传统美德，建设社会主义核心价值体系，促进社会主义文化的发展和繁荣，是建设全面小康社会的主要任务，更是实现中华民族伟大复兴的必然要求。因此，党中央非常注重我国公民道德建设，全社会也已形成了加强和改进思想道德建设的新风尚。

青少年是国家的希望，是民族不断发展和延续的根本，因此，青少年德育教育就显得更加重要。为了增强和提升国民素质，尤其是青少年的道德素质，我们特意精心编写了本套丛书——《中华传统美德百字经》。

本套丛书立足当前公民，尤其是青少年思想道德教育的现实，将中华民族的传统美德归纳为一百个字，即学、问、孝、悌、师、教、言、行、中、庸、仁、义、敦、和、谨、慎、勤、俭、恤、济、贞、节、谦、让、宽、容、刚、毅、睦、贤、善、良、通、达、知、理、清、廉、朴、实、志、道、真、立、忠、诚、公、正、友、爱、同、礼、温、信、尊、敬、恭、恕、责、仪、精、专、博、富、明、智、勇、力、安、全、平、顺、敏、思、积、利、健、率、坚、情、养、群、严、慈、创、新、变、革、争、谏、诲、齐、省、克、竞、求、简、洁、强、律。丛书内容丰富、涵盖性强，力图将中华民族传统美德的内涵囊括进去。丛书通过故事、诗文和格言等形式，全面地展示了人类永不磨灭的美德：诚实、孝敬、负责、自律、敬业、勇敢……

良·推重良心

这些故事在中华民族几千年的历史长河中，一直被人们用来警醒世人、提升自己，用做道德上对与错的标准；同时通过结合现代社会发展，又使其展现了中华民族在新时代的新精神、新风貌，从而较全面地展示了中华民族的美德。

在本套丛书中，为了帮助读者更好地理解这些源远流长的传统美德，我们还在每一篇故事后面给出了"故事感悟"，旨在令故事更加结合现代社会，结合我们自身的道德发展，以帮助读者获得更加全面的道德认知，并因此引发读者进一步的思考。同时，为丰富读者的知识面，我们还在故事后面设置了"史海撷英"、"文苑拾萃"等板块，让读者在深受美德教育、提升道德品质的同时，汲取更多的历史文化知识。

前 言

这是一套可以打动人心灵的丛书，也是可以丰富我们思想内涵的丛书……《中华传统美德百字经》向我们展示的是一种圣洁的、高尚的生活哲学。无论在任何社会、任何时代，给予人类基本力量的美德从来不曾变化。著名的美国政治家乔治·德里说："使美国强大的不是强权与实力，而是上帝赐予的美德。假如我们丢失了最根本且有用的美德，导弹和美元也不能使我们摆脱被毁灭的命运。"在今天，我们可能比任何时候都更应关心道德问题，尤其是青少年的道德问题，因为今天我们正逐渐面临从未有过的道德危机和挑战。

人生的美德与智慧就像散落的沙子，我们哪怕每天只收集一粒，终有一天能积沙成塔，收获一个光辉灿烂的明天。《中华传统美德百字经》中的美德故事将直指我们的内心，指向人性中善良的一面，唤起我们内心深处的道德感。因此，中华民族的传统美德也一定会在我们的倡导和发扬之下，世世传承，代代延续！

　　全套丛书分类编排，内容详尽、文字优美、风格独具，是公民，尤其是青少年思想道德建设的优秀读物。愿这些恒久流传的美文和故事能抚平我们每个人驿动的心，愿这些优秀的美德种子能在青少年身上扎根、发芽、生长……

良·推重良心

良心虽看不见、摸不着，但却有着巨大的精神力量，它像无时不有、无处不在的法官，认真负责地检验着人们的是非功过，督促着人们作出正确的选择，审视着人们的一言一行。

良心一词最早见于《孟子·告子上》，意为仁义之心，包含恻隐、羞耻、恭敬等情感。良心是一定的社会关系和道德关系的反映，是人们的各种道德情感、情绪在自我意识中的统一，是人们在履行对他人和社会义务过程中形成的道德责任感和自我评价能力。良心是历史的、具体的、社会的范畴，是一定社会生活和社会关系的反映，是人们在实践过程中逐渐形成的，不是与生俱来的，因而也没有所谓抽象的良心。良心对于人们的行为具有判断、指导和监督的作用。

作为人心中最内在的法则，良心给人以内在的权威和标准来裁决自身的对错，促使人们对自己过去的所作所为进行深刻反省、从而强化自己的责任意识或悔过要求。毫不夸张地说，良心乃是道德秩序的保证。良心，并且只有良心，才能救道德于堕落。

良心是善念之心。善良是一种美德。当别人跌倒在地时，走过去扶一把；当别人内心失落时，走过去安慰一下；当别人步入黑暗时，为他点一盏明灯。这些微不足道的行为，都是善良的行为，但却是他们重新站立起来、振作起来的精神支柱，使他们看到光明、充满希望。在别人陷于困境的时候，不论是举手之劳还是巨大付出，都要怀着一颗善良之心，果断地伸出双手，尽力助他打破不幸的局面。正所谓"善良者，天自善待之"。人生的意义就是为了活得快乐，而要活得快乐，就绝对少不得一颗善良之心的。

良心是正直之心。正直之心是良心之主干，没有正直之心，其他一切难以为存。古人管绿荫曾说过："正直为吾人最良之品性，且为处世之最良法，与人交接，一以正直为本旨。正直二字，实为信用之基。"他还说："是谓是，非谓非，曰直。"《孟子·滕文公下》中指出："富贵不能淫，贫贱不能移，威武不能屈，此之谓大丈夫。"坚定的理想信念，崇高的政治信仰，是非分明的人生态度，公平公正的办事原则，光明磊落、刚直不阿的精神追求等等，都是一个有良心的人应有的品质。

良心是诚信之心。诚信之心是良心之魂，一个没有诚信的人，世人常骂他"没良心"。有哲人说：诚实是一种力量的象征，它显示着一个人的高度自重和内心的安全感与尊严感。孟子说："诚者，天之道也；思诚者，人之道也。""一言九鼎"、"言而有信"、"金口玉言"等等，都说的是诚信。

良心是支撑着人的道德大厦的支柱。对于一个民族来说，假如完全失去良心，这个民族在社会上将难以维持。在一个社会中，如果有了道德良心的存在，那么我们在困难时，就能得到别人的关心、支持和帮助，我们才会感到社会的温暖、世界的美好，从而对生命更会倍加热爱。我们每个人都应该有道德良心，社会才会运转得秩序井然，人类文明才会不断发展。

目录

第一篇　心怀善念有良知

2　范式送灵柩

5　王朗救孤

8　心有良知守孝道

11　张范舍子救侄

13　谢弘微不争财产

16　散财救亲旧

18　少年裴度等失主

21　魏仁浦宽仁无私

24　弃官寻母传美名

27　落难方见真情在

30　曹彬和厚

32　宋江看瓜

35　黎谆救助孤贫

37　徐九思巧施救济粮

40　为民寻找妻女

43　沈德潜舟中助人

第二篇　推重良心有原则

46　魏文侯冒雨期猎

48　晋文公以信降国

50　见义知忠

52　诬人自全而不为

54　李光颜怀良知

57　姚察心存良知讲节俭

60　霍俊守良知

63　范质怀良知有原则

65　王彦章重良心讲气节

68　做人不可欺心

1

71　耶律吼有良知不重财

73　以诚交易，纯心待人

75　章正宸不因私徇情

77　正直有节操的王遴

第三篇　心有良知，为民造福

80　荀子存良知讲仁战

83　冯道论以民为本

86　汲黯心怀良知不怕死

90　龚太守息盗有方

93　百姓送粮留太守

96　心有良知，重农济民

98　刘备撤军不弃民

101　何远有良知"惧"百姓

105　倪若水贵人贱鸟

108　田仁会暴日求雨

111　推重良心为民治水

113　冒死阻猎好司马

116　范仲淹心怀良知重百姓

119　小县令大作为

122　苏轼怀良知与民奋战

126　心怀良知，为民造福

128　锐于求志，厚于得民

130　李信圭请免杂徭

132　李充嗣慎理饥民

135　钟化民推重良心

138　周忱深入下层

141　郑板桥护民

144　怀良知以德化民

147　许季觉心存良知救饥民

第一篇

心怀善念有良知

范式送灵柩

◎志于道，据于德，依于仁，游于艺。——《论语》

范式（生卒年不详），字巨卿。山阳金乡人也。一名汜。东汉著名人士。后来迁庐江太守，颇有威名，死于任上。

范式是东汉时期很有名望的地方官。

范式在京师洛阳的太学中学习时，有个叫陈平子的长沙人，虽然是范式的同学，但他们却没见过面。陈平子听说过范式，知道他是一个很讲信用的人。

有一年，范式与同窗好友张劭返乡。临分别时，范式对张劭说："两年后，我会到你家拜见你的父母，看看你的妻子和孩子。"二人还约定了见面的日期。

张劭回家以后，对母亲和妻子说了范式与自己的约定张劭的母亲以为，既然范式真像儿子说的那样守信用，对范式与儿子的约定是应该信实的。张劭的妻子在一边听着母子的谈话，不相信有这样的人，以为丈夫和人家的约定，不过是戏言罢了，不可当真的。她的理由似乎也很充分，因为范式家与张劭家远隔千里，是说来就能来的么？

青青黄黄两次，日子平淡且安稳，张劭的母亲和妻子早都把这件事情忘到了脑后，可张劭却对这件事情念念不忘。

当约好的日期快到的时候，张劭把这件事重新向母亲提起并请母亲帮助他准备好酒菜。张劭的母亲问儿子："你们已经分别两年了，相隔千里，你真的相信他会来吗？"张劭回答说："范式是一个讲信用的人，他一定不会违约的。"听了儿子的话，母亲便准备起酒菜，以备待客。

范式如约而至。这样，不但张劭的母亲，就连张劭的妻子都打心眼里佩服范式是个真正讲信用的人。

陈平子听了范式守信的故事，很仰慕范式的为人，很想与他交往，但还没来得及见面，陈平子便得了重病。

陈平子眼看要死了，他的妻子不知所措，自己还带着孩子，远离家乡，如何料理后事呢？陈平子安慰他的妻子说："你不要着急，我听说我的同学范式是个道德高尚、讲信义的人。我死后，一切后事可以托付给他。现在他不在京师，你只要把我的尸体暂时埋在他家门前即可。"说罢，陈平子撕了一块白绢，写信给范式。

不久，陈平子死了。范式外出回来，看见陈平子的遗书和自己门前的坟头，既为陈平子的死而悲伤，又因为他对自己的信任而感动。

范式走到陈平子的坟前，大哭了一场。接着，范式妥善地安排好灵柩，照顾好陈平子的妻子和孩子，并亲自护送他们回湖南老家。当范式来到了湘江边，离长沙只有四五里路的时候，他把陈平子留给他的信放在灵柩上，挥泪告别。

陈平子的灵柩终于回到了家乡，他的兄弟们知道了这件事，希望当面向这位大恩人道谢，可是范式已经走出很远了。为此，陈平子的兄弟们感到很遗憾。

◎故事感悟

范式做事守信用，并且积德行善，这些都是发自内心的，是自觉自愿的，是我们学习的最佳典范。

◎史海撷英

刘秀建立东汉

25年，即东汉建武元年，刘秀在河北登基称帝。因刘秀系西汉皇族的后裔，故国号仍为"汉"，刘秀就是汉世祖光武皇帝。因刘秀所建立的汉王朝首都在洛阳，刘邦所建立的汉王朝首都在长安，在地理位置上一东一西，故后世称刘邦所建汉朝为西汉，刘秀所建汉朝为东汉。刘秀定都洛阳之后，不断对四方用兵，先后消灭了盘踞关中、号称百万的赤眉军，割据陇右立地称王的隗嚣与在西蜀称帝的公孙述等大小数十个割据势力。经过12年的东征西讨，刘秀终于在东汉建武十二年（即37年）扫灭了最后一个割据势力——"成家帝"公孙述，自此，经历了自新莽末年长达近20年的纷争混战，古老的中华大地再次归于一统。

◎文苑拾萃

古诗十九首·之五

（东汉）佚名

西北有高楼，上与浮云齐。

交疏结绮窗，阿阁三重阶。

上有弦歌声，音响一何悲！

谁能为此曲？无乃杞梁妻。

清商随风发，中曲正徘徊。

一弹再三叹，慷慨有余哀。

不惜歌者苦，但伤知音稀。

愿为双鸿鹄，奋翅起高飞。

王朗救孤

◎恻隐之心，仁之端也；羞恶之心，义之端也；辞让之心，礼之端也；是非之心，智之端也。——孟子

王朗（？—228年），本名王严，字景兴。东海郯（今山东郯城西北）人。汉末三国时期名士，仕于曹魏，官至司徒、兰陵侯，与钟繇、华歆并为三公，谥曰成侯。

王朗年轻的时候，曾经与沛国的名士刘阳结交，成了好朋友。他们能成为好朋友，是出于对彼此的欣赏。

刘阳虽然没有诸葛亮和张仪名气大，但是，对于当时各国政治、军事、文化以及各个方面的形势，都有他自己的独到见解。由此，刘阳受到了两个人的关注，一个是好朋友王朗，另一个就是曹操。

当然，王朗是用欣赏的眼光看刘阳，而曹操对刘阳则充满了戒心。还是地方官的刘阳，看到汉王朝日趋衰落，而曹操将成为汉王朝的祸害，就一心想把曹操除掉，但是终究没能成功。

不久，刘阳就死了，死时只有30岁。后来曹操掌了大权，到处寻找刘阳的儿子，决定杀掉他，以除后患。

曹操戒备刘阳是因为他的才华，曹操认为刘阳的存在对自己有着潜在的威胁。那么，如今刘阳已经死了，为何他连刘阳的儿子也不放过呢？

曹操疑心很重，他有句话叫做"宁我负人，毋人负我"。这句话的意思是说，宁可让我辜负一切人，不要让任何人辜负我。用"顺我者昌，逆我者亡"来概括，是再确切不过的了。这个逻辑似乎过于强横，更过于霸道了。

刘阳的儿子似惊弓之鸟，东躲西藏处境艰难。刘阳虽然有很多的亲戚朋友，但是没有一个人敢收留他的儿子。

就在刘阳的儿子近乎绝望之时，王朗向他伸出了援助之手，将他接到家中。从此，刘阳的儿子结束了"漂泊"的日子。

曹操的担心并非多余，他很清楚，一旦刘阳的儿子以及后人真的成了气候，恐怕会对自己产生威胁。

后来，王朗曾多次在曹操面前替他求情。过了很久，曹操才决定赦免了他。

曹操为什么赦免了刘阳的儿子以至放过了刘阳的全家？不是曹操改变了对刘阳的看法，更不是曹操对刘阳的儿子以及他的家人动了恻隐之心，而是他看出刘阳的儿子远不及他的父亲，他那颗悬了很久的心才放了下来。后来，王朗又一次在曹操面前替刘阳的儿子说情，曹操的脸上露出了一丝笑意。那笑意到底是得意的笑，还是鄙视的笑，我们不得而知。后来，曹操冲王朗挥了挥手，对王朗说："去吧，去吧，别再让他在你家躲着啦，该干什么干什么去吧！"

曹操的一句话，保住了刘阳儿子的性命，也结束了刘阳全家人的避难生涯。在王朗的庇护下，刘阳的家室才得以保全下来。

◎故事感悟

王朗救孤的故事告诉人们，朋友处于危难的时候应该怀着善念，尽自己最大的努力，伸出援助之手，帮贫扶弱。这不但是一种精神，更是一种美德。

◎史海撷英

王朗献策

吴蜀夷陵之战爆发，有人认为应该举兵支援称藩的东吴，并一举吞灭蜀汉，但王朗认为应该等待两军相持不下时才领兵支援，并派持重的将领攻蜀军要害之处，一举决胜，而当时东吴尚未起兵，而且经常下雨，不利于行军，于是反对。

曹丕听从。后来曹丕征召孙权长子孙登为东中郎将，但孙登没有来，曹丕于是到许昌大兴屯田，打算进攻东吴，王朗又听闻孙权的回答未到，一旦起兵后孙登来到，影响甚大，于是反对出兵，建议增强边境戍守，预防东吴进攻。

◎文苑拾萃

杂诗（七首其七）

（魏晋）曹植

揽衣出中闺，逍遥步两楹。

闲房何寂寞，绿草被阶庭。

空室自生风，百鸟翩南征。

春思安可忘，忧戚与我并。

佳人在远道，妾身单且茕。

欢会难再遇，芝兰不重荣。

人皆弃旧爱，君岂若平生。

寄松为女萝，依水如浮萍。

赍身奉衿带，朝夕不堕倾。

倘终顾盼恩，永副我中情。

心有良知守孝道

◎仁慈是心灵美，而不是行为美的体现。——格言

> 晋武帝司马炎（236—290年），字安世。河内温（今河南温县）人。晋朝的开国君主，265—290年在位。265年时继承父亲司马昭的晋王之位，数月后逼迫魏元帝曹奂将帝位禅让给自己，国号大晋，建都洛阳。279年他又命杜预、王濬等人分兵伐吴，于次年灭吴，统一全国。290年病逝，谥号武皇帝，庙号世祖，葬峻阳陵。

西晋武帝泰始元年（265年）八月初九，晋王司马昭去世。不久，魏元帝曹奂正式禅位给司马昭的儿子司马炎，晋王朝宣告成立。群臣和百姓按照魏时临时颁布的法令，为司马昭服丧三天。葬礼结束后，司马炎脱去丧服。但他依旧神情哀伤，并且餐餐都吃素食，还始终戴着一顶白帽子，继续为父亲守丧。

第二年八月，司马炎要去崇阳陵祭奠父亲，他打算穿丧服前往。尚书令裴秀上书说："陛下脱去丧服，又要重新穿上，这与礼法不合。况且，哪有君主穿丧服而群臣和百姓不穿的道理呢？"

司马炎下诏说："朕只是想表达对先帝的缅怀。其实，穿丧服只是一种形式。"

于是，他没有穿丧服就去了崇阳陵。

中军将军羊祜对此不以为然，他对散骑常侍傅玄说："为父母守丧三年，这是古代的礼制，就是贵为天子也应该遵守。遗憾的是，汉文帝曾经废除过

这个制度。如果主上借此机会恢复古代的礼制，不是很好吗？"

傅玄说："把穿丧服的时间由以月计算改为以日计算，已经有几百年的历史了。恢复古制是行不通的。"

羊祜说："如果让国人都遵从古制有困难，那就让主上穿着丧服为先皇守丧三年，不也很好吗？"

傅玄说："主上为父亲服丧，而国人不为君主服丧，岂不是只强调父子关系，而忽视君臣关系吗？"羊祜无言以对。

八月二十二日，群臣上书司马炎，请求他不要再穿素色的衣服，也不要继续吃素。司马炎下诏说："朕时常想念先帝，对于自己不能穿着丧服尽哀感到非常痛苦，哪里还有心情吃鱼肉穿锦绣呢？我家世世代代尊崇儒学，通晓古代礼法。孔子和他的学生宰我曾经评论过三年之丧，你们对照孔子的话反省反省自己吧。"

就这样，司马炎素食素服度过了三年。然而，古代的丧服制度并没有因此得到全面恢复。

◎故事感悟

　　司马炎用他最真诚的良心孝敬父母，这令我们深有感触。当今社会的我们也应该从多方面去关心父母、照顾父母、体贴父母，让他们安心享受晚年的幸福生活。

◎史海撷英

武帝登基

公元265年，司马昭病死，享年55岁。司马炎继承相国晋王位，掌握全国军政大权。经过精心准备，同年12月，司马炎仿效曹丕代汉的故事，为自己登基做准备。在司马炎接任相国后，就有一些人受司马炎指使劝说魏帝曹奂早点让位。不久，曹奂下诏书说："晋王，你家世代辅佐皇帝，功勋高过上天，四海蒙受司马家族的恩泽，上天要我把皇帝之位让给你，请顺应天命，不要推辞！"司马炎却假意多次推让。司马炎的心腹太尉何曾、卫将军贾充等人，带领满朝文武官员再三劝谏。司马炎多次推让后，才接受魏帝曹奂禅让，封曹奂为陈留王。司马炎于265年登上帝位，改国号为晋，史称为西晋，晋王司马炎就成了晋武帝。

◎文苑拾萃

晋武帝

邓林

秋风铜爵曲池平，吴主宫娃满掖庭。

凭仗皇孙聪慧早，不知祸在夕阳亭。

张范舍子救侄

◎压抑自己良心的声音，这是很危险的事情。——格言

> 张范（生卒年不详），字公仪。河内修武人。祖父张歆为东汉司徒，父亲张延为东汉太尉，家中颇有名望。太傅袁隗本想将其女嫁给张范，但张范坚辞不受。张范性格恬静乐道，不爱荣华、名利，他不追求官职，喜欢扶危济困，乃至家无余财，穷人、孤寡对他都十分敬重。对于外来所赠之物从不使用，张范死去后，其家人将其全部归还。

张范、张承兄弟二人，在董卓作乱的时候辞官解印，回扬州老家避难，等待时机讨伐董卓。后来袁术要请他们去做官，张范推辞有病，不愿去。曹操平定冀州之后，派使者去请张范。张范认为曹操代表天子，自己愿意为他效劳。但张范当时正身患疾病，住在彭城，无法去见曹操。

有一天，张范的儿子张陵和张承的儿子张戬遭到绑架。张范求了人，以重金去救赎两个孩子，劫持人质的却只把他的儿子张陵放了回来。

张范对来人一面表示感谢，一面又为难地说："按道理说，你们已放回了我的儿子，我应当感到高兴才对。不过总觉得张戬的年纪太小了，实在心中难忍。我虽然极疼爱我的儿子，但情愿舍去张陵，用他换回张戬。"劫持人质的人听了这番话，顿时为他的真诚和无私所感动，便将张陵和张戬一起释放了。直到曹操征讨荆州回来，张范才见到曹操，后来，他被任命为议郎，参与丞相的军事，得到重用。

张范做官期间所得到的俸禄经常都用来救济孤寡贫困的老百姓，自己家

中却没有积蓄。朝廷赠送给他财物，他也不拒绝，但是并不使用，等到卸去官职的时候，统统原物归还。

◎故事感悟

张范平时廉洁奉公，助人为乐，在儿子和侄子遭到劫持后，毅然舍弃自己的儿子去换回侄子，关键时刻表现出了舍己为人的高尚品质。他的表现获得了曹操的肯定，也获得了社会的承认。在这样一种个人利益的考验面前鉴别出来的人才，一定是真正可用的人才。

◎史海撷英

张范受敬重

建安十三年（208年），曹操征荆州北还，在陈郡与张范会面，被任为议郎，参丞相军事，曹操对其十分敬重。

后来，每当曹操出外征战，便会留张范及邴原留守，与曹丕一同守卫京师。曹操对曹丕说："举动必咨此二人。"曹丕也对二人十分有礼。

◎文苑拾萃

善哉行·其二

（魏晋）曹操

自惜身薄祜，夙贱罹孤苦。既无三徙教，不闻过庭语。
其穷如抽裂，自以思所怙。虽怀一介志，是时其能与！
守穷者贫贱，惋叹泪如雨。泣涕于悲夫，乞活安能睹？
我愿于天穷，琅邪倾侧左。虽欲竭忠诚，欣公归其楚。
快人由为叹，抱情不得叙。显行天教人，谁知莫不绪。
我愿何时随？此叹亦难处。今我将何照于光曜？释衔不如雨。

谢弘微不争财产

◎君子于仁也柔，于义也刚。——扬雄

> 谢弘微（生卒年不详），陈郡阳夏人也。祖韶，车骑司马；父思，武昌太守。从叔峻，司空琰第二子也，无后，以弘微为嗣。弘微本名密，犯所继内讳，故以字行。

东晋孝武帝时，尚书仆射谢混娶了晋孝武帝司马曜的女儿晋陵公主为妻。谢混死后，司马曜下令让晋陵公主与谢家断绝婚姻关系。谢混累代为辅政大臣，不用说，家财万贯，童仆千人，极其富有。但他膝下只有两个女儿，年龄都只有几岁。晋陵公主就把家事全部委托谢混的侄子谢弘微管理。

9年以后，刘裕即位，当上了刘宋的第一代皇帝。他把晋陵公主贬为东乡君，允许东乡君返回谢家。

东乡君走进谢家的大门，发现谢家不仅没有衰落，反而比过去更加兴旺。屋宇一新，仓廪丰满，农田面积大大增加了。再看看账簿，一文钱、一尺帛都记得十分清楚。东乡君感慨万分，激动地说："尚书仆射一向器重阿微这孩子，可谓知人啊！他九泉有知，也会高兴的。"前来探望的亲戚朋友也都感动得流下了眼泪。

这一年，东乡君病逝，人们都认为谢家的财产应当有谢弘微的一份儿，至少应当把田宅童仆分给他。然而，谢弘微分文不取，还自己出资安葬了东乡君。谢混的大女婿殷叡喜欢赌博，见谢弘微不要财物，就把小姨子、伯母和两个姑母应得的份额侵吞了，全部用来偿还赌债。由于受谢弘微的感化，大家也都没有计较。

有人责备谢弘微说："谢家几代的财产，让殷叡一下子抵了赌债，实在不公平，谢公怎么不说句话？为了自己的名声，让别人受穷，这也说不过去呀！"

谢弘微淡然一笑，说："亲戚争财，实在无聊。自家人尚且不说话，我怎么能引导他们去竞争呢？财产嘛，分多分少，还不至于受穷。分得再多，死了也带不走。何必呢！"

◎故事感悟

面对财产，谢弘微只是淡然一笑，可见谢弘微不为私利动心，也对得起自己的良心。这种对待自身利益的心态值得我们学习。

◎史海撷英

谢弘微为人低调

谢弘微本是谢万的后代，后来过继给谢安的孙子谢峻为嗣。宋文帝即位，引为心腹之臣，这是谢氏家族中唯一与文帝关系良好的。这个人有谢安风范，低调行事，每次给皇帝报告完事情后，都要烧掉手稿，不留把柄。谢弘微有一手好厨艺，皇帝曾经叫他下厨，事后，别人就很好奇，向谢弘微讨问皇帝爱吃什么，可是谢弘微顾左右而言他，不透露半个字。

◎文苑拾萃

善哉行

（魏晋）曹丕

上山采薇，薄暮苦饥。

溪谷多风，霜露沾衣。

野雉群雊，猿猴相追。

还望故乡，郁何垒垒！

高山有崖，林木有枝。

忧来无方，人莫之知。

人生如寄，多忧何为？

今我不乐，岁月如驰。

汤汤川流，中有行舟。

随波转薄，有似客游。

策我良马，被我轻裘。

载驰载驱，聊以忘忧。

散财救亲旧

◎巧言令色，鲜矣仁！——《论语》

庾季才（516—603年），字叔奕。新野（今属河南）人。幼聪颖，通书易，好占候。初仕后梁。入北周，为太祖所优礼，参掌太史，讽帝免梁俘为奴婢者数千口。累迁车骑大将军、仪同三司，劝宇文护归政，渐被疏。武帝亲政，迁太史中大夫，奉诏撰《灵台秘苑》。隋文帝执政，为言符命。开皇元年（581年），授通直散骑常侍，助成迁都之举，奉命与子质撰《垂象》、《地形》等志。后忤旨免职。

散骑郎庾季才是梁朝著名的才子。西魏攻陷江陵以后，他被带到长安。太师宇文泰非常器重他，让他掌管太史工作，给他优厚的待遇。

庾季才看到不少亲朋故旧沦为奴婢，就拿自己的钱财替他们赎身。

宇文泰听说后，问他："庾先生为什么要这样做？"

庾季才回答说："克国礼贤，是古人推崇的美德。如今江陵已经覆灭，他们的国君的确有罪，但那些大夫绅士有什么罪，居然也沦为奴婢。"

"先生为什么不早说？"

"我只是寄居他乡的外人，不敢在太师面前多嘴。"

"这都是我的过错！要不是先生提醒，我将失去天下人的心。"

宇文泰省悟过来。他立即下令，赦免所有的梁朝俘虏，使几千人获得自由。

◎故事感悟

将战俘作为奴隶是当时社会通行的做法。庾季才舍弃自己的家财救赎自己的亲朋故旧，使他们免受奴役之苦，不但是善良之举，而且这种义举也感动和教育了当权者，从而救助了更多的人。

◎史海撷英

庾季才善卜

开皇元年（581年），庾季才任通直散骑常侍。皇帝将要迁都，夜里与高颎、苏威二人商议决定。

庾季才第二天早上就上书说："我观察天象，又查看了图记，龟兆已呈现，一定要迁都。自从汉朝建立这座城，到现在已有800年，水都受咸了，不适合居住，希望陛下早日考虑迁都。"皇帝很惊奇，对高颎等说："是什么样的神人啊！"就颁布诏书下令迁都。赏赐庾季才绢布并且把他的爵位晋升为公。皇帝说："我从今以后相信有天道。"于是下令庾季才和他的儿子庾质撰写《垂象》《地形》等志。皇帝说："天道神秘莫测，人们有种种推测，意见很难统一，不想让外人再来干预此事，所以只命你们父子二人共同做好。"到书写成后上奏，皇帝赏赐丰厚的粮食及布帛。

◎文苑拾萃

长安道

（南北朝）江总

翠盖承轻雾。金羁照落晖。

五侯新拜罢。七贵早朝归。

轰轰紫陌上。蔼蔼红尘飞。

日暮延平客。风花拂舞衣。

少年裴度等失主

◎仁者莫大于爱人。——《礼记》

> 裴度(765—839年),字中立。河东闻喜(今山西闻喜)人。唐代文学家、政治家。贞元五年(789年)进士,宪宗元和时拜相,率兵讨平淮西割据者吴元济,封晋国公,世称裴晋公。后又以拥立文宗有功,进位至中书令。死后赠太傅。

裴度是唐代著名的宰相之一。

裴度少年时候,有一天到香山寺去玩,只见大殿里香客如云,烟雾缭绕,十分热闹。忽然,人群中挤出一个愁容满面的妇女。她把背上的包袱挂在栏杆上,先向佛像虔诚地叩头祷告,接着又拿起签筒求签。烧香拜佛完毕,她好像有什么急事似的,匆匆忙忙离开了大殿,竟然忘记了带包袱。

裴度原以为那妇女一会儿准会回来。谁知,一炷香烧完了仍不见她的影子。裴度走到栏杆前,摸摸包袱,里面像有珍贵的东西。他想,失主早晚会回来寻找包袱的,就坐在一旁耐心地等待起来。

等啊等啊,直到掌灯时分,还不见那妇女回来。于是,他只好把包袱带回家去。

第二天一早,裴度又提着包袱赶到寺里,继续坐等。太阳一竿子高的时候,只见丢包袱的妇女跟跟跄跄地跑来,捶着胸脯哭着说:"我阿爸被坏人陷害,无罪关进大牢。我好不容易借到两条玉带、一条犀带,想用它求人说情,没想到昨天丢失了。这下子我阿爸大祸难逃了！"

裴度迎上前去，递过手中的包袱，问道："这是你丢的东西吗？"

那个妇女打开包袱，见玉带、犀带全在，激动得泪流满面，硬要拿出一样东西送给裴度，作为酬谢。裴度连连摆手说："物归原主，理所当然，我岂能收纳别人用来解救大难的财宝！"说罢，掉头就走了。

◎故事感悟

裴度能做到拾金不昧，还不留姓名，值得我们学习！在当今社会，我们也应该继承和发扬这种拾金不昧的传统美德。

◎史海撷英

元和中兴

唐元和十二年（817年），讨叛军打了一次大败仗，宰相李逢吉等以淮西屯兵4年，劳师弊赋，力主罢兵。裴度认为，淮西是腹心之疾，必须扫除，且河北藩镇正据此估计朝廷强弱，故不宜中止讨伐，并自请督师。同年八月，裴度以宰相领淮西节度使、淮西宣慰招讨处置使，赴前线。出发时，裴度慷慨誓道："贼灭，则朝天有期；贼在，则归阙无日。"宪宗为之流泪。这时诸道兵都有宦官监军，诸军将事权不专，裴度奏准罢去监军，加强了统一指挥。十月，名将李晟之子李愬雪夜破蔡州，行军深入70里，生擒元济。李愬打下蔡州后，迎接裴度进城，拜谒道旁。李愬诚恳说："蔡人顽悖，不识上下之尊，数十年矣，愿公因而示之，使知朝廷之尊。"淮西既平，河北震慑，诸藩相继归顺。贞元十四年（798年），又平定淄青李师道。史称"元和中兴"。

◎文苑拾萃

<h2 style="text-align:center">白二十二侍郎有双鹤留在洛下，予西园多野水</h2>

（唐）裴度

闻君有双鹤，羁旅洛城东。

未放归仙去，何如乞老翁。

且将临野水，莫闭在樊笼。

好是长鸣处，西园白露中。

魏仁浦宽仁无私

◎极端公正和善良的心是不属于庸俗的人的。良心的
觉醒就是灵魂的伟大。——格言

魏仁浦（911—969年），字道济。卫州汲（今河南汲县）人。历官后晋小吏、后周枢密都承旨、中书侍郎、平章事，居高位而不念私怨。宋初，进位右仆射，从征太原途中病死。

魏仁浦官至右仆射，以宽厚长者著称。

魏仁浦与士大夫交往必以礼，"务以德报怨"。后汉高祖刘知远乾祐年间，有个叫郑元昭的，是开封浚仪人，为安邑、解县两池榷盐使，后改任解州刺史。当时皇帝下诏以魏仁浦的岳父李温玉为榷盐使，负责两池的管理，使郑元昭"不得专其利"。

当时魏仁浦为枢密院主事，郑元昭认为魏仁浦在庇荫他的老丈人，分享自己的权益，于是怀恨在心。

河中节度使李守贞河中反叛后，李温玉的儿子在城中，郑元昭即以李温玉的儿子参加反叛为借口，把李温玉抓了起来。当时郭威总理政务，知道他们之间有矛盾，"置而不问"。

周世宗继位后，魏仁浦被授为右监门卫大将军、枢密副使。从征高平时，在周军不利的情况下，魏仁浦劝周世宗"出阵西殊死战"，遂攻克高平，以功拜检校太保、枢密使。

随着魏仁浦权势日重，郑元昭忐忑不安，担心他报复自己。回京复命时，

途经洛都，郑元昭就把自己内心的忧虑告诉了魏仁浦的弟弟魏仁涤。

魏仁涤淡然一笑，说："您只管进京，不必担心。我哥哥一向宽仁有度，在公事上从不打算伤害别人，怎会考虑个人恩怨呢？"郑元昭到了京师，魏仁浦果然不介意，建议周世宗授郑元昭为庆州刺史。

后汉隐帝曾宠幸作坊使贾延徽，贾延徽与魏仁浦相邻而居，"欲并其第"，就多次诬陷魏仁浦，使魏仁浦几至不测。郭威攻入汴京，灭亡后汉后，有人将贾延徽捉来交给魏仁浦发落。魏仁浦却说："因兵戈以报怨，不忍为也。"反而极力保全贾延徽。时人因此称魏仁浦为长者。

◎故事感悟

魏仁浦有着宽宏的胸怀，他能推己及人、换位思考，值得我们学习。"仁"是孔子最高的价值追求，"和"是孔子的理想境界，以仁济和，以和成仁，二者相辅相成，构建和谐社会也就是要培养一代懂得爱人的仁者。

◎史海撷英

魏仁浦发奋苦读

920年，卫州一带闹旱灾，加上后梁政权不断向农民加征赋税，很多人都难以生存。在魏仁浦家中，时常揭不开锅，有了上顿没下顿。魏仁浦的母亲总是让他们兄弟二人吃好，而自己背着他们吃野菜、喝面汤。在长期伙食无保障的情况下，魏仁浦的母亲越发显得苍白，终于有一天昏倒在灶台前。放学回家的魏仁浦看到母亲的样子，痛哭起来，他发誓一定要好好读书，将来好好孝敬母亲。转眼又过了两年，魏仁浦依旧每日穿着补丁长衣去私塾读书。冬天来临了，一阵阵寒风袭来，刺人心骨，魏仁浦穿着唯一的单衣在寒风中打颤，可是家里实在没有衣料可以添加衣服。魏仁浦的母亲四处奔走，终于借到了一块粗布，回家来给他赶制衣服。魏仁浦放学回家，看到不辞辛劳整日为他奔忙的母亲又在为他制衣，他的眼角有些湿润，叹了口气，说："慈母求贷以衣我，我怎能心安啊！"说着说着，眼泪竟流了下来。从此，他读书更加用功了，早日孝敬母亲的念头在他心底越扎越深。

◎文苑拾萃

长干行

（宋）陈与义

妾家长干里，春慵晏未起。

花香袭梦回，略略事梳洗。

妆台罢窥镜，盛色照江水。

郎帆十幅轻，浑不闻橹声。

曲岸转掀篷，一见今目成。

羞闻媒致辞，心许郎深情。

一床两年少，相看悔不早。

酒懵娱藏阄，园嬉索斗草。

含笑盟春风，同心似偕老。

郎行有程期，郎知妾未知。

鹙首生羽翼，蛾眉无光辉。

寄来纸上字，不尽心中事。

问遍相逢人，不如自见真。

心苦泪更苦，滴烂闺中土。

寄语里中儿，莫作商人妇。

弃官寻母传美名

◎寡廉鲜耻的人是不会有良心的。——格言

> 朱寿昌（生卒年不详），字康叔。宋扬州同仁乡（今仪征市陈集镇与天长市秦栏镇交界处）人。《宋史·孝义列传》载有他弃官千里寻母之事。他是流传甚广的所谓古代"二十四孝"中的一位。

朱寿昌的母亲刘氏，是他父亲朱巽的妾。朱巽在京兆（今陕西西安市）做太守时，刘氏刚刚怀孕而被离弃。寿昌出生数年才回到父亲那里，从此母子之间不通音信有50年。

朱寿昌四处寻找母亲并打听她的下落，从不丢下这件事。他饮食很少吃酒肉，说起他的她就流泪。熙宁元年（1068年），朱寿昌告别了家里的人，放弃了做官，到秦地一带（陕西境内）去寻找母亲，并说："找不到我的母亲，我决不返回。"最后终于在同州（今陕西大荔县）找到了他的母亲。

这时的刘氏已70多岁了，改嫁党氏后又有几个孩子。朱寿昌将他们全都接了回来。

京兆的太守钱明逸把这件事上报朝廷，皇帝就下诏令让朱寿昌回来继续做官。由此，朱寿昌的孝名传遍了天下。自王安石、苏颂、苏轼他们这些人开始，士大夫们都争相作诗来赞美他。

◎故事感悟

　　为了寻找母亲，朱寿昌毅然决然地辞去了官职。因为在他的眼中，母亲是最重要的。这种坚守孝义的品质，至今也应加以发扬。

◎史海撷英

朱寿昌与婆合村

　　朱寿昌身得荣耀后，想起了自己的生身母亲，终日以泪洗面，寝食不安。做广德知府不到一月，他便执意辞去官职，身背行囊，走州过县，四处寻母。经过一年多时间的长途跋涉，有一天他徒步来到同州府城，四处打问，闻得有一位婆婆曾在城内讨饭，年龄特征与母亲相近，在城东一村庄落脚。朱寿昌急忙奔赴此村挨户寻找，在打问中，见一位婆婆衣衫褴褛，倚门而立，目光呆滞地凝视着远方。由于寿昌离母时年仅3岁，加之相隔50余载，母子相逢，形同陌路。朱寿昌躬身施礼，询问老母下落，婆婆听后，急忙让其进门叙话。

　　进屋后，寿昌向婆婆详细陈述了母子失散后的经历和辞官寻母的经过，婆婆听后，泣不成声，知道这就是她失散50多年，朝思暮想的亲生儿子。母子相认，朱寿昌双膝下跪，抱母痛哭，两人久久相拥，彼此诉说着失散后各自的苦难经历和思念之情。由于婆婆待人宽厚勤苦，在村院中人缘很好，村民们听说婆婆母子团圆，纷纷前来祝贺，得知朱寿昌辞官寻母，孝心感人，无不感慨称颂。为纪念婆婆母子相聚，遂将村名改为婆婆村，并立碑记述了朱寿昌辞官寻母的经过。到明朝初年，又更名为婆合村至今。

◎文苑拾萃

朱寿昌郎中少不知母所在刺血写经求之五十年

（宋）苏轼

　　嗟君七岁知念母，怜君壮大心愈苦。

美君临老得相逢，喜极无言泪如雨。

不羡白衣作三公，不爱白日升青天。

爱君五十著彩服，儿啼却得偿当年。

烹龙为炙玉为酒，鹤发初生千万寿。

金花诏书锦作囊，白藤肩舆帘蹙绣。

感君离合我酸辛，此事今无古或闻。

长陵喝来见大姊，仲孺岂意逢将军。

开皇苦桃空记面，建中天子终不见。

西河郡守谁复讯，颍谷封人羞自荐。

落难方见真情在

◎人须有自信之能力，当从自己良心上认定是非，不可以众人之是非为从违。——章太炎

> 苏辙（1039—1112年），字子由。眉州眉山（今属四川）人。嘉祐二年（1057年）与其兄苏轼同登进士科。神宗朝，为制置三司条例司属官。因反对王安石变法，出为河南推官。哲宗时，召为秘书省校书郎。元祐元年为右司谏，历官御史中丞、尚书右丞、门下侍郎因事忤哲宗及元丰诸臣，出知汝州、再谪雷州安置，移循州。徽宗立，徙永州、岳州复太中大夫，又降居许州，致仕。自号颍滨遗老。卒，谥文定。唐宋八大家之一，与父洵、兄轼齐名，合称"三苏"。

苏轼受到贬官后，到了黄州（今湖北黄冈）。他与巢谷是同乡，从小就熟识，所以二人交往甚密。等到苏轼与弟苏辙在朝做官时，巢谷随俗生活在乡里，从未到官府去拜见。绍圣初（1094年），苏轼、苏辙被远谪岭海（惠州，今广东惠阳），平日的新朋旧友都不再来往，唯独巢谷在老家眉山对别人说，他想徒步去拜访两苏，听说的人都笑他疯癫可笑。

元符二年（1099年），巢谷终于出发，走到梅州（今广东梅州）时给了苏辙一封信说："我徒步行走万里来见您，全不在乎自己一路的奔波辛苦，现在已经到了梅州，不出10天就一定能见到您，我死而无憾了。"

苏辙见信后万分惊喜地说："他不是当今的世人，而是古人呵。"待两人见面，互握双手，相对而泣，而后叙说着往事，过了一月之久还未叙够。这时巢谷已是73岁的高龄了，瘦弱多病，但他还想再到海南去见苏轼。苏辙怜悯

他年老多病，就制止他说："您的心意是好的，然而从循州（苏辙贬居之地）到儋州（即今海南岛儋耳县，苏轼贬居之地），数千里路，中间又要乘船渡海，不是年龄大的人能承受了的事。"

巢谷回答说："我自认为还不会马上死了，您不要制止我。"苏辙虽不宽裕，但看到巢谷旅行袋中的钱已不多，仍竭力资助，送走了巢谷。巢谷乘船到新会（今广东新会）时，有个蛮人偷走了他的钱袋，但逃到新州（今广东新兴）时被抓获，巢谷也就跟着到了新州，不久就病死在那里。苏辙听说后，失声痛哭，恼恨他不听自己的劝说而致死，又叹服他没有听劝阻而一定要实现自己心愿的意志。

◎故事感悟

巢谷的故事使我们感慨，让我们感觉到真情一直存留世间！这种真情不因为时间的变迁而变质，不因一时的得失而淡去。这也是我们一直期盼和追求的精神境界。

◎史海撷英

苏辙治学

苏辙生平学问深受其父兄影响，以儒学为主，最倾慕孟子而又遍观百家。他擅长政论和史论，在政论中纵谈天下大事，如《新论》（上）说"当今天下之事，治而不至于安，乱而不至于危，纪纲粗立而不举，无急变而有缓病"，分析当时政局，颇能一针见血。《上皇帝书》说"今世之患，莫急于无财"，亦切中肯綮。史论同父兄一样，针对时弊，古为今用。《六国论》评论齐、楚、燕、赵四国不能支援前方的韩、魏，团结抗秦，暗喻北宋王朝前方受敌而后方安乐腐败的现实。《三国论》将刘备与刘邦相比，评论刘备"智短而勇不足"，又"不知因其所不足以求胜"，也有以古鉴今的寓意。

◎文苑拾萃

次韵子瞻连雨江涨二首

（宋）苏辙

南过庾岭更千山，烝润由来共一天。
云塞虚空雨翻瓮，江侵城市屋浮船。
东郊晚稻须重插，西舍原蚕未及眠。
独掉扁舟趁申卯，米盐奔走笑当年。

客到炎陬喜暂凉，江吹虚阁雨侵廊。
回看野寺山溪隔，卧觉晨炊稻饭香。
荔饷深红陋樱枣，桂醑淳白比琳琅。
思移峤北应非晚，未省南迁日月长。

曹彬和厚

◎人可以由虚荣心知道什么是荣耀，可以由良心知道什么是正义。——格言

曹彬（931—999年），字国华。真定灵寿（今属河北）人。北宋初年大将。以败契丹、北汉功，任枢密承旨，灭后蜀任都监。雍熙三年（986年）率军攻辽，因诸将不服指挥，败于涿州，降为右骁卫上将军。后复任枢密使。宋真宗赵恒即位后，召拜枢密使。咸平二年（999年）病死，终年69岁。

曹彬性格仁慈恭敬，温和宽厚，在朝廷从来没有违背过圣旨，也从来没有讲过别人的过失。虽然他身兼将相，却从不摆将相架子地表示跟别人不一样。在路上遇到普通的人，一定驱车避开。对下属从不直呼其名，部下禀告事情的时候，一定要先穿戴整齐之后才见。做官得到的钱粮，部分送给同族的亲友，自己没有剩余的积蓄。平定蜀国回来，太祖从容地问他官吏的好坏，回答说："军务以外的事不是臣下所能闻知的事情。"太祖坚持要他讲，他就只推荐了随军转运使沈伦，认为此人廉洁谨慎可以任用。

曹彬作为元帅执掌徐州政事时，有个小吏犯了罪，审理完毕已经结案，过了一年才对他施杖刑。人们都不知道其中的原因。

曹彬说："我所说这个人刚刚结婚，如果施以杖刑，他的父母必定认为新娶的媳妇不好，而早晚之间进行打骂，使她在婆家活不下去。我有意缓办了这件事，这样做并没有使法律受到破坏。"

◎故事感悟

曹彬身为将相，仍旧为人宽厚，处处为别人着想。这种温和宽厚的做人之本，为我们树立了一个鲜明的旗帜。

◎史海撷英

曹彬攻辽

雍熙三年（986年），宋太宗分兵三路攻辽，曹彬任幽州（今北京）道行营前军马步水陆都部署，率宋兵主力自雄州（今河北雄县）向涿州（今河北涿州）进发。因指挥不力，不能约束部将，造成岐沟关（今河北涞水东）之战的惨败，致使其他两路军也被迫退兵。因此，被责降为右骁卫上将军。

◎文苑拾萃

道中书事

（宋）陈与义

临老伤行役，篮舆岁月奔。

客愁无处避，世事不堪论。

白道含秋色，青山带雨痕。

坏梁斜斗水，乔木密藏村。

易破还家梦，难招去国魂。

一身从白首，随意答乾坤。

宋江看瓜

◎好良心是柔和的笑容。——格言

> 宋江（生卒年不详），北宋末年起义军领袖。淮南盗宋江等犯淮阳军，遣将讨捕，又犯京东（今山东）、江北，入楚海州界，命知州张叔夜招降之，江乃降。

北宋农民起义领袖宋江，小时候就深深同情劳动人民的疾苦。

这年夏天的一个中午，他正在自家的西瓜地里看瓜，从瓜地西头道上过来了两个逃荒要饭的。一个是白胡子老人，一个是五六岁的小孩，都穿得破破烂烂，身上带着破碗破瓢。小孩口渴，见到西瓜，哭闹着非要吃不可。老人怎么劝说怎么吓唬都不行。

宋江看着他们怪可怜的，正打算摘个西瓜送给小孩，忽然发现父亲正朝瓜地走来！他怕父亲责备，伸到瓜蒂上的手又缩了回来。

这一来，小孩哭得更凶了，声音嘶哑。宋江坐立不安，怎么办呢？最好有个办法，既让小孩吃了瓜，又叫父亲不生气。想呀想，怎么也想不出这样两全其美的办法，急得他直跺脚。嘿，这一跺，系在腰带上那串父亲给的赏钱"当啷"直响。宋江心头一亮，有了好主意。

宋江来到一老一少跟前，大声说："这小孩要吃瓜？白给不行，你们身边有钱的话，我卖你一个。哦……有10文钱，刚才要来的……够买一个。行，我去摘……"

这些话全是说给父亲听的。其实，老人哪有什么钱呀。他瞪着两眼望着宋江，越听越糊涂。

宋江不管这些，摘了个又大又熟的西瓜，送到老人手里。小孩马上不哭了。老人感激地跪了下来，千谢万谢。

宋江怕露馅，赶紧把老人扶起来，推他走了。

"你在演什么戏，啊？"父亲走来，脸沉着问。

宋江心慌，结结巴巴地说："我……我……卖了个西瓜。"说完，宋江指了指身上那串钱。

父亲冷笑一下说："这不是我赏你的钱么？"

宋江见自己的机关被父亲点破了，脸涨得血红，一声不吭。

父亲轻轻拍拍宋江的肩，笑道："傻孩子，这事你没错。把瓜送给这样的穷人，是应该的……"

◎故事感悟

宋江从小为人真诚，宅心仁厚，能够想方设法帮助落难之人，真乃"及时雨"也！

◎史海撷英

宋江起义

宋代从宋太宗赵光义始，一直举行对外屈辱、专力防内的政策，政权、财权和兵权高度集于中央，封建压迫非常厉害。特别是北宋末年，由于推行上述政策，导致土地兼并十分剧烈，封建剥削也异常残酷。所以，虽然当时工商业比较发达，人民生活出路较广，但社会矛盾仍然相当尖锐，农民起义次数很多。仁宗时代在西夏用兵之后，几十人到数百人的小规模农民起义更是多得不胜枚举。宋江正是在这样一种情势下举起义旗的。

宋徽宗宣和元年（1119年）十二月，宋江聚集了36人，在京东东路所管辖的黄河以北地区起义，专打社会上的不平，杀富济贫，反抗北宋王朝的残酷统治，引起统治者的恐慌。起义发生不久，宋徽宗赵佶便诏令京东东路、京东西路提刑督捕之。但由于宋朝军队久不征战，缺乏训练，战斗力极差；又由于宋江"其才过人"，属下的36个人都是强悍猛勇之士，个个英雄，所以，这次征剿不仅没有消灭宋江起义军，反而使其威名远扬。

◎文苑拾萃

念奴娇

（宋）宋江

天南地北。

问乾坤何处，可容狂客。

借得山东烟水寨，来买凤城春色。

翠袖围香，鲛绡笼玉，一笑千金值。

神仙体态，薄幸如何销得。

回想芦叶滩头，蓼花汀畔，皓月空凝碧。

六六雁行连八九，只待金鸡消息。

义胆包天，忠肝盖地，四海无人识。

闲愁万种，醉乡一夜头白。

黎淳救助孤贫

◎仁以为己任。——《论语》

明英宗朱祁镇（1427—1464年），明朝第六位皇帝。明宣宗长子。九岁即位，初大事权归皇太后张氏，以累朝元老杨士奇、杨荣、杨溥主持政务，继续推行仁宣朝的各项政策，社会经济也有所发展。张氏死后，三杨去位，宠信太监王振，振遂广植朋党，启明代宦官专权之端。瓦剌入犯，听从王振之言亲征，抵土木堡兵败被俘。郕王朱祁钰被拥立为帝，改元景泰。景泰元年（1451年），英宗被释回京，被尊为太上皇，软禁于南宫。景泰八年（1458年），武清侯石亨等乘景泰帝病重发动兵变，迎英宗复位，改元天顺。

黎淳是明英宗天顺元年的进士，曾任南京礼部尚书。他为官期间，不受私人馈赠，对于欺诈不轨的行为必然穷追到底，使其暴露。下属有不法行为，尽管是与自己亲近的人，他也必依法制裁，毫不庇护。

他救助孤贫，却不遗余力。他的兄嫂早逝，其儿女都未成人，黎淳就把他们当自己的儿女一样养育起来。太常寺卿孟士亨死后，家里贫穷不能举办丧事，黎淳倡议朝中的同乡共同出钱，让他家人办理丧事。本乡小吏邓禄寄存几十两银子在他家，邓禄死了，而他的孩子年龄很小，他就把这笔银两替他保存了10年，当他儿子长大成人后便还给了他的儿子。

他家所住的华容县黄洋渡，涝洼成灾，他捐资雇工，筑堤40丈，使当地百姓得到便利。

◎故事感悟

　　黎谆能够一如既往、不遗余力地帮扶穷困，推己及人，这也为他赢得了良好的名声。希望我们每个人都要有着这份责任心，不断提高自己的道德修养。

◎史海撷英

明英宗治理朝政

　　经历了土木堡之变及8年的软禁后，明英宗在天顺年间开始任用了李贤、王翱等贤臣，又先后平定了石、曹之乱，显现了英主的风采。

　　明英宗曾对首辅李贤说过他每天的起居情况："吾早晨拜天、拜祖毕，视朝。既罢，进膳后阅奏章。易决者，即批出，有可议，送先生处参决。"

　　英宗还释放了从永乐朝就开始被囚禁的"建庶人"（建文帝的幼子文圭，靖难后被幽禁官中逾50年），恢复宣德朝胡皇后的称号，下旨停止帝王死后嫔妃的殉葬，《明史》赞曰"盛德之事可法后世者矣"。

◎文苑拾萃

临江仙

（明）杨慎

滚滚长江东逝水，浪花淘尽英雄。
是非成败转头空。
青山依旧在，几度夕阳红。
白发渔樵江渚上，惯看秋月春风。
一壶浊酒喜相逢。
古今多少事，都付笑谈中。

徐九思巧施救济粮

◎大仁之极，而大勇生焉。——谭嗣同

徐九思（1495—1580年），字子慎。江西贵溪人。为明朝孝宗、武宗、世宗、穆宗、神宗五世臣。一生官职不高，但刚正廉洁，爱民如子。嘉靖十五年（1536年），徐九思年届四十岁，初任句容县（今属江苏）知县。当时官场积弊难清，贿赂横行，贪风尤盛，欺民的污吏得到姑息，受害的百姓却持冤难鸣。徐公常说："勤则不隳，俭则不费，忍则不争。""勤、俭、忍"这"三字经"为时人所称道。

徐九思虽一生的官职不高，但深受百姓爱戴。

明朝嘉靖年间，初任句容县知县的徐九思已经40岁了。在担任知县期间，因为他做了许多利民的好事，深受句容县百姓的拥护。

徐九思任知县时，深知百姓的苦衷，他懂得要想使百姓日子好过，必须从根本上解决问题，而首先就是要减轻他们的负担。

为了避免县吏们徇私舞弊，县里的大小事务都由他亲自处理。他的举动自然引起了一些县吏的不满，但他身后有句容县众多百姓的支持，谁都拿他没有办法。

徐九思心系百姓，处处为民着想，同时他的为官理念也常常影响着手下的官员。在他的带领下，官吏们开始注重民生，体察百姓疾苦。

徐九思勤于政务，重视劳动生产。为了平衡税赋徭役，从调查情况到落实任务，他都亲历亲为。他对那些单身的穷苦农民特别关心，对当地的那些地痞无赖们则毫不手软。一向节俭的徐九思节省日常办公费用，采石块铺路面，使来往行人得到方便。徐九思还根据县里旧有档案，把仍存在官府里的农民卖盐后的盐引钱还给了农民。

倘若遇上灾年，谷价大涨，巡抚拿出仓中积谷数百石，让县里"平价"卖出，而粮款要还于官府。

徐九思时常嘱咐手下的官员："能够买得起粮食吃的，都是富豪人家，现在的贫民就是平价也买不起了。"

于是，他把救济粮拿出一半，以高价卖出，剩下一半的粮食用来煮粥，分给饥民。距县城较远的山区的穷人，可到附近富人家取粮，县里替他们付款，这样一来使很多穷人在灾荒之年活下来。

徐九思的居室中挂着一幅《青菜图》，其旁书有"为民父母不可不知其味，为吾赤子不可令有菜色"的字样，意在提醒自己，时刻把百姓疾苦挂在心中。

朝廷规定，地方粮簿上有一笔注明可供地方官开支的例金，当时地方官员以招待过路官员作为一种重要的社交手段，利用公款宴请、送礼。这笔例金，徐九思却分文不取，后来自行规定取消了这笔开销。

徐九思一心忙于政务，不畏惧权贵，凡事秉公办理，敢于直言，曾经因得罪府尹和中丞，被贬调离句容县。"父老乡亲数千拥而入见中丞，称公贤"。后经吏部尚书干预，才得以留任。升迁调入京城后，仍以国家安危、百姓疾苦为重。后来，徐九思遭人陷害罢官。回到家乡后，他兴办义学，布施赈济，招抚流民，兴修水利，依然不改利民的初衷。

◎故事感悟

作为一位官吏，徐九思对不良的官场习气敢于对抗。他从劳动生产中解决百姓的生存问题，使济困变成了解困，真正让百姓受益，即使被罢官归乡，依然心系百姓初衷不改。

◎史海撷英

徐九思行俭

在"俭"的方面，徐九思身体力行，他甚至要求自己"生平不嗜肉，惟啖菜"。徐九思对地方粮簿上注明可供地方官开支的例金却不取分文，后来他自行规定取消了这笔例金。当时地方官以招待过路官员作为社交手段之一，他们利用公款宴请、送礼。有一次府里的属员来到句容县，他们照例索取贿赂，但徐九思则不睬他们这一套。这些人便借酒装疯，大闹公堂，嚎叫怒骂。徐九思命令将他们捆起来，打了一顿。府尹得知此事后，大骂徐九思，但也不敢把徐九思怎么样。

◎文苑拾萃

挽钱公起

（明）王珏

家学三余足，词场一眼空。
商髭连芦鹕，点客不成龙。
酒上新坟土，香销旧桂丛。
绝怜杨执戟，临老悔雕虫。

为民寻找妻女

◎不求有天使和牛马的懿德，只求有人的良心。——格言

> 额楚（?—1680年），乌綮拉氏，满洲镶黄旗人。先世居萨哈勒察，清朝将领。顺治初，从内大臣和洛辉出师，驻防西安。降将刘洪起以西平叛，树云梯攻城，护军昂海先登，额楚继之，遂克其城，授牛录额真。迁进三等阿达哈哈番。从军贵州还，适郑成功犯江宁，遂自荆州驰救，大破成功，进二等，再迁江宁副都统。

清康熙十二十三年间（1673—1674年），蒙阳人高某任江西信州的知府。

当时，吴三桂、耿精忠正在进行叛乱活动，信州靠近福建，信州的妇女有很多人被福建的乱兵所掠；与此同时，福建的百姓逃亡到山中避难，也有很多人家的妻女被信州清军大营所掳获。福建的叛乱平定以后，两地居民寻找母亲、妻子、女儿的每天都有几百起、上千起。

当时，清军有令，不许赎还妇女，使无数家庭不得团聚。高知府很同情这些寻找妻女的人，他让他们每人报一份状子，写明所寻妇女的姓名、籍贯、容貌特征、被掳地点、现在家庭地址等。过了几天，报上的状纸就装满了三大柜。

高知府让人扛着这些状子跟他去见清军将军额楚，对他说："这些痛哭流涕地来寻找妻女的人，都是没有参加叛乱的普通百姓。现在，他们的妻女都在将军您的大营中。那些年纪轻又有姿色的妇女你们坚决不许赎还，就是那些上了年纪又没有姿色的，也要勒索高价才准赎还。这些人都是死里逃生的

人，家庭财产荡然无存，仅剩单身一人，让他们上哪去找金钱来赎？现在，如果让这几百、几千破产的百姓日夜围着县城哭闹，必然会促使他们相聚为盗。将军您不赶快想办法，我作为一个地方官是不能隐瞒情况的，那我就要拿这些状子去报告亲王了。"

将军额楚听了这番话，再也不能扣留这些妇女了，于是下令："军中士兵如有留一名妇女者，立斩不饶。"百姓们听到这个消息，立刻欢声雷动，由此得以团聚的人家达几千家。然后，高知府又给福建各地发出信函，讲明国法，促使当地放还信州被掠妇女。不久，有1000多名信州妇女被放回。

◎故事感悟

高知府的一番话，拯救了成千上万的家庭，让他们不用饱受思念之苦，得以团聚。能够在民众为难之时站出来解决困难，高知府不愧是一个好官！

◎史海撷英

破除分裂势力，抵抗外来袭击

康熙执政期间，撤除了吴三桂等三藩势力（1673年），统一台湾（1684年），平定准噶尔汗噶尔丹叛乱（1688—1697），并抵抗了当时沙俄对我国东北地区的侵略，签订了中俄《尼布楚条约》，维持了东北边境150多年的边界和平。

在雅克萨战役中，康熙派遣黑龙江将军萨布素成功驱逐沙俄对黑龙江流域的侵略（此战清兵3000多人，在中国东北与远离后方的俄罗斯数百哥萨克作战，然而久战不下，最后以围困战术迫使沙皇同意和谈，显示出了清朝在军事科技上已经与西方的较大差距），收复了雅克萨城（现俄罗斯联邦斯科沃罗丁诺）和尼布楚城。他在承德修建了避暑山庄，将其作为蒙古、西藏、哈萨克等部王公贵族觐见的场所，但是也为清朝大规模的修建皇家园林开了先河，增加了人民的痛苦。

◎文苑拾萃

咏史

（清）龚自珍

金粉东南十五州，万重恩怨属名流。
牢盆狎客操全算，团扇才人踞上游。
避席畏闻文字狱，著书都为稻粱谋。
田横五百人安在，难道归来尽列侯。

沈德潜舟中助人

◎君子之行，动则思义，不为利回，不为义疚。——《后汉书》

沈德潜（1673—1769年），字确士，号归愚。长洲（今江苏苏州）人。清代诗人。乾隆元年（1736年）荐举博学鸿词科，乾隆四年（1739年）中进士，曾任内阁学士兼礼部侍郎。为叶燮门人，论诗主格调，提倡温柔敦厚之诗教。其诗多为歌功颂德之作，少数篇章对民间疾苦有所反映。所著有《沈归愚诗文全集》，又选有《古诗源》、《唐诗别裁》、《明诗别裁》、《清诗别裁》等，流传颇广。

沈德潜中进士时，已经是67岁的高龄了，因此被称为"老名士"。沈德潜品德高尚，乐于助人。

有一年，他参加博学鸿词科的科举考试，归途中乘船回乡，有一男孩儿扶着一个有病的妇女要求搭船，沈德潜问明这妇女的身份：原来是一个给官宦人家做小老婆的女人，被家中大老婆赶了出来，这个男孩儿是她的弟弟。同船的人都不愿意让这姐弟两人上船，沈德潜觉得这两人很可怜，言辞又很恳切，就说服大家勉强让他们上了船。

没想到，这妇女病得很重，后来竟然死在船上。沈德潜又自己花钱买了棺材，把她的尸体装殓起来，船主不愿载棺材，要把它给扔在路上，沈德潜又很诚恳地劝船主说："你载活人和载死人确实不一样，但人思恋家乡、父母的心情都是一样的。死人也是埋在家里好，不然让她的阴魂流落于千里之外，这真是太可怜了。"

沈德潜又加倍地给了船钱，船主答应了，这个妇女的遗体得以归家安葬。

◎故事感悟

　　沈德潜是个热心的人，能够在仅有一面之缘的人落难之时，尽自己所能去帮助他们，并且不求回报，无愧自己的良心！

◎史海撷英

乾隆礼遇沈德潜

　　当沈德潜中进士之时，爱才如命的乾隆皇帝看到了白发苍苍的"沈老"，怜才之心顿起，挽着其手，穿行于翰林院里，共相唱和。在乾隆的算盘里，豢养着一个沈德潜是特别合算的事情，一可谓敬老，二可谓惜才，会引领多少人活到老，学到老，考试到老啊。夏天，两人唱和《消夏诗十首》；冬天，两人围炉对话，切磋诗艺。沈老为父母乞诰命，乾隆二话不说，即命给三代封典，并赐诗曰："我爱德潜德，淳风挹古初。"皇帝题词就不得了，何况还特地写诗相赠呢！在当时，这就引起"文艺界"大震动了，当时歌咏其事的不知凡几。

　　乾隆给了沈德潜极高的礼遇，官职由少詹事升詹事，再升值书房副总裁，80多岁退休以后，还封给礼部尚书衔，甚至到了90岁还晋阶为太子太傅、太子太师。而且沈德潜年老归乡后，乾隆多次下江南，几乎每次都要他来陪护，都要唱和几首诗。

◎文苑拾萃

夜月渡江

（清）沈德潜

万里金波照眼明，布帆十幅破空行。
微茫欲没三山影，浩荡还流六代声。
水底鱼龙惊静夜，天边牛斗转深更。
长风瞬息过京口，楚尾吴头无限情。

第二篇

推重良心有原则

魏文侯冒雨期猎

◎良知只是个是非之心。——王守仁

魏文侯（?—前396年），姬姓，魏氏，名斯，一曰都。中国战国时期魏国的建立者。公元前445年，继魏桓子即位。公元前403年，韩、赵、魏被周王正式承认为诸侯，成为封建国家。在位时礼贤下士，师事儒门子弟子夏、田子方、段干木等人，任用李悝、翟璜为相，乐羊、吴起为将。这些出身于小贵族或平民开始在政治、军事方面发挥其作用，标志着世袭政治开始为官僚政治所代替。

魏文侯任用李悝为相，吴起、乐羊为将，西门豹为邺令，积极奖励耕战，进行社会改革，使魏国成为战国初年的头等强国。

魏文侯曾经和掌管园泽田猎的"虞人"约好在某一天打猎。到了这天，他和群臣饮酒作乐，玩得很快活，但并没有忘记和虞人期猎的事。当时正下着大雨，魏文侯即命令手下人备好车马出行。

左右臣僚们说："今日饮酒乐，天又雨，公将焉之？"

魏文侯说："我与虞人期猎，虽乐，岂可不一会期哉？"

于是魏文侯冒雨而往。

◎故事感悟

魏文侯以一国之君而冒雨期猎，事情虽小，但体现了"言必信，行必果"的精神，他之所以能把魏国搞得"上下和合"，在战国初年称雄诸侯，这也是成功的因素之一。

◎史海撷英

魏文侯的武卒建设政策

　　魏文侯在武卒建设中采取精兵原则，考取武卒的条件很苛刻。魏文侯要求武卒能衣三属之甲，操12石之弩，负服矢50个，置戈其上，冠胄带剑，赢三日之粮，日中而驱百里。到达战场后，武卒能立即投入战斗。武卒还要具备高超的格斗技能。国家对入选的武卒给予很高的物质待遇，免除武卒全户的徭役和田宅税。武卒凭军功获取更高的爵位，享受更好的待遇。魏国的武卒建设非常成功，逐渐地演变成为魏国的建军制度和军功贵族制度，对后来吴起在楚国变法和秦献公、秦孝公和商鞅在秦国的变法都产生过很大的影响。

◎文苑拾萃

魏文侯

（宋）徐钧

闻道西河久服从，陶成国治蔼文风。

政缘馀泽沾洙泗，比似群侯故不同。

晋文公以信降国

◎唯一真正的责任，就是走向你自己的潜力，走向你自己的聪明才智和觉知，然后按照这样来行动。——格言

晋文公（公元前697—前628年），姬姓，名重耳，谥号曰"文"。侯爵，称"晋侯重耳"，简称"晋重耳"（先秦男子用氏，故不作姬重耳），史称晋文公。春秋中前期晋国国君，晋献公之子，晋惠公之兄。政治家、外交家，公元前636—前628年在位。春秋时代第一强国的缔造者，开创了晋国长达一个多世纪的中原霸权。

重耳为晋献公之子。晋献公宠爱骊姬，听信她的谗言，杀了太子申生。重耳被迫外逃，流亡十九年。后来他被秦国国君护送回国即位，是为晋文公。

晋文公整顿内政，施惠于百姓，并犒赏从亡者及功臣，大者封邑，小者尊爵，晋国逐渐强盛。这时，周襄王被王子带勾结狄人赶跑，流落在外。晋文公抓住这取威定霸的好机会，约会诸侯，出兵打垮王子带，把周襄王送回国都。从此，晋文公抓住"尊王"这面旗帜，号令天下。在城濮之战中，晋军大败楚军。在践土，晋文公大会诸侯，一跃成为春秋霸主。

在称霸的过程中，晋文公十分看重信用，把它看做争取民意、团结诸侯、实现霸业的手段。其示信伐原之事堪称这方面的范例。

原地处今山西中西部一带，距曲沃不远，这个小国依靠秦国和狄人的支持，轻视晋国。周襄王十八年（公元前635年），晋文公率兵围攻原国，下令只携带三天的粮食。

过了三天，原国不投降，晋文公遂下令撤军。派出的间谍从被围困的原国中出来，报告说："原将降矣。"

军吏征询晋文公的指示，说："请待之。"

晋文公正色说："信，国之宝也，民之所庇也。得原失信，何以庇之？所亡滋多。"于是晋文公坚持撤军。晋军撤退三十里，原国就投降了

◎故事感悟

晋文公是讲诚信的，也正是因为他的"诚"，结果原国不战而降。"诚"是儒家为人之道的中心思想，我们立身处世，当以诚信为本

◎史海撷英

晋文公改革朝政

晋文公即位，勤于修政，励精图治，"轻关易道，通商宽农，懋穑劝分，省用足才"。在生产上，号召改进工具，施惠百姓，奖励垦殖；在贸易方面，降低税收，积极争取邻商入晋，互通有无，经济获得了繁荣的发展。同时，他"赋职任功"，"举善援能"，对"从亡者及功臣"封邑尊爵，拨乱反正，大量起用受惠公、怀公时代受到迫害的旧族，提拔才能佼异的新贵，笼络了新旧贵族，使统治集团和谐相处。晋文公认为，晋惠公时代招募州兵及开垦私田有利于国家的发展，就将其保留。这些都成为晋国在文公回国后仅仅两三年就能实现质的飞跃的根本原因。

◎文苑拾萃

晋文公墓

晋文公墓在山西省绛县卫庄下村。晋文公在位之时，国都在绛（今山西绛县）。死后葬于绛县卫庄下村西岭。

陵墓依地形而设，高达30余米，犹如山丘。据传，抗战以前墓地松柏如盖，绿草如茵，郁郁葱葱，庄严静穆。墓后岭顶建有祠庙，抗战期间被日寇拆毁，树木砍伐一空。现在所看到的景象是蔚然深秀的国槐遍布山丘，明代《晋文公墓》纪念碑矗立路旁，雄伟壮观。

见义知忠

◎知贤，智也；推贤，仁也；引贤，义也。有此三者，
又何加焉？——韩婴

徐晦（760—838年），字大章，号登瀛。福建晋江三十二都徐仓（又名徐公店、仕村、仕春），也作福建晋江安海徐状元巷人。唐德宗贞元十八年（802年）壬午科状元及第，系福建省历史上第一位状元。

京兆尹杨凭在担任江西观察使时，贪赃枉法，奢侈过度。御史中丞李夷简对他进行弹劾。唐宪宗李纯把杨凭贬为临贺县县尉。

杨凭赴任前，他的亲戚朋友怕受牵连，不敢为他送行，唯独栎阳县县尉徐晦来到蓝田和杨凭告别。太常卿权德舆平时和徐晦关系不错，就告诫他说："徐君为杨凭送行，会带来麻烦的。"

徐晦微微一笑，回答说："我本来是平民百姓，蒙受杨公的知遇，才有了今天。现在他被流放到远方，我能不和他告别吗？人不能忘恩负义。要是有一天权公也被流放，我能躲得远远的吗？"

权德舆为徐晦的正直和仗义深深打动。在朝廷上，他对徐晦大加称扬。

过了几天，李夷简推荐徐晦做了监察御史。徐晦问李夷简："我与李公素未谋面，李公根据什么推荐我做监察御史？"

李夷简含笑答道："一个不肯辜负朋友的人，怎么会辜负朝廷呢？"

◎故事感悟

　　徐晦是个重情重义的人，为了给朋友送行，不惜冒着得罪朝廷的危险，精神可嘉。更难得的是，他在他人落难之时，不趋炎附势，做人当如是啊！

◎史海撷英

徐晦的为官之路

　　徐晦曾任殿中侍御史、尚书郎、晋州刺史，后又入朝拜中书舍人。宝历元年（825年）出任福建观察使，第二年又回朝任工部侍郎；大和四年（830年）拜兵部侍郎，次年改太子宾客，分司东都。晚年因嗜酒过度而失明，于礼部尚书职辞官归居晋江湾海徐状元巷。徐晦以老致仕。徐晦耄年寻得砚之地——山东沂南徐公店。后徐潘（徐晦长子）承父命，遂举家迁往得砚之地，后泉郡徐仓长房聚众成村（今徐公店）。徐晦次子徐湖经延寿迁居连江徐仓；三子徐江留居泉郡。徐晦性情耿直，知恩图报，居官清严，为众人称道。

◎文苑拾萃

寄徐晦

（唐）张籍

鄂陂鱼美酒偏浓，不出琴斋见雪峰。
应胜昨来趋府日，簿书床上乱重重。

诬人自全而不为

◎万事莫贵于义。——《墨子》

李逢吉（757—835年），字虚舟。陇西（今甘肃）人。唐德宗贞元十年（794年）甲戌科陈讽榜进士第三人。李逢吉进士高第后，授振武节度掌书记。入朝为左拾遗、左补阙，改侍御史，入吐蕃册命副使、工部员外郎，又充入南诏副使。元和四年（809年），出使回国，拜祠部郎中。元和六年（811年），迁给事中。元和七年（812年），与司勋员外郎李巨并为太子诸王侍读。元和九年（814年），改中书舍人。

石州刺史武昭遭到贬斥后，被任命为袁王府长史。他郁郁不得志，心里非常怨恨朝廷当权的宰相。

吏部侍郎同平章事李程与门下侍郎同平章事李逢吉关系不合，他的族人、水部郎中李仍叔乘机挑拨武昭说："李程本来建议朝廷授予你官职，李逢吉坚决反对。"

武昭听了大怒。有一次，他喝酒喝得兴奋，就对一起喝酒的左金吾兵曹茅彙说自己要刺杀李逢吉。后来这件事被告发。唐敬宗李湛下诏让御史台、刑部、大理寺三司共同审理此案。

李逢吉的侄子、前河阳掌书记李仲言对茅彙说："你如果能证明武昭和李程同谋，还能保住性命，否则就难免一死。"

茅彙斩钉截铁地说："我宁愿冤屈而死！诬人自全，那是小人！我绝对不干！"

三司审理完毕，武昭被判处死刑，茅彙被流放到崖州。

◎故事感悟

茅鐠的做法是正确的，他以良心为重，坚持自己的原则。原则是立世之本。凡事预则立，不预则废。如果心里早有原则和定见，就不至于作出违背自己本意或者良心的事情。

◎史海撷英

李逢吉记恨裴度

李逢吉天性奸狡，妒贤伤善。当时用兵征讨淮、蔡两地，唐宪宗将兵权交与裴度。李逢吉生怕其成功，遂私下里想办法阻止，由此二人结怨。及裴度亲征，学士令狐楚为裴度制辞，言不符圣意，因令狐楚与李逢吉相善，帝皆黜之；罢令狐楚学士，罢李逢吉政事，出为剑南东川节度使、检校兵部尚书。

穆宗即位，移襄州刺史、山南东道节度使。李逢吉于帝有侍读之恩，遣人密结幸臣，求还京师。长庆二年（822年）三月，召为兵部尚书，这时，裴度亦自太原入朝。以裴度招怀河朔功，再度留京，与工部侍郎元稹相次拜平章事。裴度在太原时，曾上表疏论元稹奸邪。及同居相位，李逢吉认为二人势必相倾，就派人告诉王傅于方，欲为元稹刺裴度。及捕于方，审问没有结果，元稹、裴度俱罢相位，李逢吉代裴度为门下侍郎平章事。自此更加肆无忌惮结交奸臣，制造谣言，百端诽谤中伤裴度。

李光颜怀良知

◎智者不危众以举事，仁者不违义以要功。——《后汉书》

李光颜（760—826年），字光远，李光进之弟。河曲（今山西河曲）人。自唐宪宗元和初年经穆宗至敬宗宝历初年，李光颜历任代州、洛州、陈州刺史、兼御史大夫，在军中任忠武军都知兵马使、忠武军节度使，凤翔、许州、河东等地节度使，穆宗即位，进加同中书门下平章事，敬宗即位，又拜司徒。

李光颜，以战功卓著赐姓李氏，为中唐名将。

唐宪宗少时，就钦慕贞观、开元时期的政治局面，有志恢复，所以即位后，他利用德宗以来积蓄的财力，重用主张裁抑藩镇的大臣杜黄裳、李吉甫、武元衡、裴度等人，坚主用兵，取得了一定胜利。在讨伐淮西节度使吴元济时，李光颜以忠武军节度使的身份独当一面，于时曲击败吴元济的军队，人称"勇而知义，终不辱命"。

当时，韩弘为汴州主帅，"骄矜倔强"，常倚靠藩镇势力，向朝廷勒索，姑息养奸。他嫉恨李光颜在讨伐藩镇的战役中屡奏捷报，想暗中阻挠，却又无计可施。韩弘在整个大梁城中找到一位美女，教她歌舞弦管六博之艺，用珠翠金玉衣服把她装饰一新，耗资达数百万。然后他命令使者把这位美女送给李光颜，想用美女来消磨他的意志。使者修书一封到李光颜的营垒说："本使令公德公私爱，忧公暴露，欲进一妓，以慰公征役之思，谨以候命。"李光颜答道："今日已暮，明旦纳焉。"

第二天早晨，李光颜大宴军士，将三军将士聚集起来。然后，他命令使者把美妓领进来。这位美妓进入军营后，举座皆惊，她长得太漂亮了，容止端丽，似非人间所有。李光颜无动于衷，坐在座位上，对来使说："令公怜光颜离家室久，舍美妓见赠，诚有以荷德也。然光颜受国家恩深，誓不与逆贼同生日月下。今战卒数万，皆背妻子，蹈白刃，光颜奈何以女色为乐？"言罢，涕泣呜咽，数万士兵也被感动得流下了眼泪。李光颜于是以缣帛厚赠使者，让他把美妓带回去，并对使者说：请替光颜多谢令公，光颜早已以身许国，死无二心！兵士也因此受到激励，在讨伐藩镇的战役中无不以一当十，英勇异常。

◎故事感悟

李光颜坚守自己的原则，推重良心，以"拒美妓于奸臣"的风范，成为一代名将，值得赞赏。

◎史海撷英

李光颜智勇双全

元和十年（815年），唐宪宗发16道兵讨伐淮西，李光颜为大将，率兵进军溵水，列营时曲。淮西军凌晨包围营寨，李光颜冲出栏栅，率领骑兵冲入敌人阵营，往来数次，身上被箭刺中如刺猬一般。其子拦住马鞍，劝父不要深入敌阵，李光颜举刀喝退，继续前进。将士见主帅效死，个个争先恐后，英勇杀敌。淮西军大溃，死者数千，后来在收复郾城的战斗中，李光颜率唐军杀敌3万余人。

李光颜不仅身先士卒，英勇善战，而且足智多谋，指挥若定。一次，宰相裴度亲临前沿观察敌情，被敌围困，危在旦夕。李光颜料敌如神，先派部将田布率200骑兵埋伏于沟中，自己率骑兵出其不意，正面迎敌，前后夹击，大败敌军，解救了裴度。从此，李光颜威震敌军，吴元济调集所有的强兵勇将，来防御李光颜的进攻。这使得李愬出奇制胜，夜袭蔡州，俘获吴元济，彻底平定淮西。

◎文苑拾萃

述旧纪勋寄太原李光颜侍中二首

（唐）杨巨源

　　玉塞含凄见雁行，北垣新诏拜龙骧。

　　弟兄间世真飞将，貔虎归时似故乡。

　　鼓角因风飘朔气，旌旗映水发秋光。

　　河源收地心犹壮，笑向天西万里霜。

　　倚天长剑截云孤，报国纵横见丈夫。

　　五载登坛真宰相，七重分阃正司徒。

　　曾闻转战平坚寇，共说题诗压腐儒。

　　料敌知机在方寸，不劳心力讲阴符。

姚察心存良知讲节俭

◎大仁不仁。——《庄子》

　　姚察（533—606年），字伯审。吴兴武康（今德清）人。南朝历史学家。历经梁、陈、隋三朝，父姚僧垣精医术，为梁大医正。姚察 六岁诵书万余言，十二岁能文。侯景之乱时，随父归乡里。年十三为萧纲所器重。萧纲登基，授南海王国左常侍，兼司文侍郎。入陈朝，为秘书监，领著作郎、吏部尚书等职。陈亡入隋，于隋朝授秘书丞、晋王侍读，袭封北绛郡公，授太子内舍人。隋文帝开皇九年又奉诏撰梁史、陈史，未竟而卒。临终时遗命，嘱其子姚思廉继续完成撰史工作。姚察著有《汉书训纂》、《文集》、《说林》、《传国玺》、《西聘道里记》等。

　　姚察以"学艺优博"、"操行清修"著称。

　　姚察自幼勤于学习，夜以继日。13岁时，他被梁简文帝引于宣猷堂听讲论难，受到儒者称赞。以后历任南海王国左常侍兼司文侍郎、南郡王行参军兼尚书驾部郎、原乡令等职。

　　陈朝初年，姚察拜始兴王府功曹参军，后历任宣明殿学士、散骑侍郎、左通直、尚书祠部侍郎、中书侍郎、吏部尚书等职，以操行文章享誉朝野。陈后主曾经从容对朝士说："姚察达学洽闻，手笔典裁，求之于古，犹难辈匹，在于今世，足为师范。且访对甚详明，听之使人忘倦。"

　　入隋后，姚察诏授秘书丞，封北绛郡公。隋文帝曾指着姚察对朝臣说："闻姚察学行当今无比，我平陈唯得此一人。"对他隆宠如此。

　　姚察历经数次重大的社会变动，仕宦诸朝，却总被视作瑾瑾，其原因很多。一是他"冲虚谦逊"，从不以所长傲视他人，以终日恬静、立志著书为乐；

二是他身居高位，多所举荐，一善可录，无不赏进，尽心事上，知无不为。尤为重要的是，姚察身居显要，自励清洁，除官廪赏赐外，"一无交通"。

梁末动荡之际，姚察自食藜藿，把自己那份粮食分给诸弟妹故旧。有人劝姚察经营生计，他笑而不答，反而把自己所得俸禄赏赐周恤亲属旧故，使"赀产每虚"。

曾有位门生，知道姚察"清洁自处"，不敢送重礼，只送给他一端南布、一匹花练。没想到姚察面色一沉，对他说："吾所衣著，止是麻布蒲练。此物于吾无用，既欲相疑接，幸不烦尔。"门生再三恳请姚察收下，姚察勃然作色，命人把他赶了出去。从此，事奉姚察的人"莫敢馈遗"。姚察死后，遗命薄葬，"务从率俭"，这在封建社会是很难得的。

◎故事感悟

姚察洁身自好，这也是他做人的基本原则吧。这个故事告诉我们，无论在任何时候，我们都要保持清醒的头脑，坚持高尚的情操，不断加强人生观、世界观的学习和修养，努力促进道德认识的培养，及时矫正和调整自己行为中的失误，抵制不良风气和腐朽思想的侵蚀，保持行为的端正廉洁。

◎史海撷英

姚察、姚思廉父子的史学贡献

《梁书》和《陈书》经过姚氏父子两代相传，跨越三个皇朝，先后五次奉诏撰写，用了五六十年的时间才最后撰成。修史之难，于此可见一斑。

《梁书》包含帝纪6卷、列传50卷，无表、无志。它主要记述了萧齐末年的政治和萧梁皇朝（502—557年）五十余年的史事。其中有26卷的后论署为"陈吏部尚书姚察曰"，说明这些卷是出于姚察之手，这几乎占了《梁书》的半数。姚思廉撰《梁书》，除了继承他父亲的遗稿以外，还参考、吸取了梁、陈、隋历朝史学家编撰梁史的成果。

◎文苑拾萃

陈·姚察

（唐）孙元晏

曾佐徐陵向北游，剖陈疑事动名流。

却归掌选清何甚，一匹花綀不肯收。

霍俊守良知

◎为了保存一个人的生命，而背叛了千万人的解放事业，遭到千万
人唾弃，那活着还有什么意思？——王若飞

> 萧纶（约507—551年），梁武帝萧衍第六子。字世调，小字六真。封邵陵王。谥
> 携，西梁谥忠壮。有两个儿子，长子萧坚，字长白；次子萧确，字仲正。此人性格暴
> 戾，见解及行为都很荒谬，但在萧衍各个儿子里相对还算好的。

邵陵王萧纶率领大军讨伐寿阳，途经钟离时，听说河南王侯景已经从采石渡过长江，连忙回师建康，援救朝廷。梁武帝太清二年（548年）十一月二十三日早上，他们来到蒋山安营扎寨。侯景见状，惊恐万分。他下令把掠夺来的妇女和珍宝全部送到石头城，并准备好船只，打算逃跑。可是他又不想轻易认输，于是同时分兵二路，攻打萧纶。双方大战一场，侯景的军队遭到惨败。

二十八日，萧纶进军玄武湖畔，与侯景对阵，双方相持很久，也没有开战。黄昏时分，侯景提出明日再战，萧纶同意了。可是，就在侯景撤退时，安南侯萧骏以为敌人要逃跑，便擅自率领自己的部下冲上去追杀。侯景立即还击。萧骏被打得溃不成军，他仓皇逃跑，窜到萧纶的军营。前谯州刺史赵伯超吓得带着自己的军队也慌忙逃跑，侯景指挥军队乘胜追击。萧纶的大军一下子乱了阵脚，失去了控制，很快便全线溃败。

萧纶带着1000多名残兵败将逃进天保寺。侯景紧追不舍，放火烧了天保寺。萧纶又逃往朱方。侯景缴获了萧纶的全部辎重，并抓获了西丰公萧大春、

安前司马庄丘慧和主帅霍俊。

二十九日，侯景把他们斩杀的首级、武器装备以及萧大春等人带到台城城下，向城里的人展示，并让俘虏们喊："邵陵王已经被杀死！"

然而，霍俊临危守义，大声反驳道："别上当！邵陵王只是遇到小小的挫折，他已经返回京口，援军很快就会到来！"

敌人用刀打他的脊背，霍俊却毫不妥协。侯景佩服他的勇气，居然把他释放了。

◎故事感悟

司马迁曾说过："人固有一死，或重于泰山，或轻于鸿毛。"霍俊怀着舍生取义的念头，面对生死，坚守自己的信念，毫不惧怕，伟大的人格在坚守信念中得到了铸就。

◎史海撷英

萧衍的显著政绩

梁武帝萧衍做了皇帝之后，初期的政绩是非常显著的。他吸取了齐灭亡的教训，于是勤于政务，而且不分冬夏春秋，总是五更天起床，批改公文奏章，在冬天把手都冻裂了。他为了广泛地纳谏，听取众人意见，最大限度地用好人才，下令在门前设立两个盒子（当时叫函），一个是谤木函，一个是肺石函。如果功臣和有才之人没有因功而受到赏赐和提拔，或者没有良才使用，都可以往肺石函里投书信。如果是一般的百姓，想要给国家提什么批评或建议，可以往谤木函里投书。

萧衍很重视对官吏的选拔任用，他要求地方的长官一定要清廉，因此经常亲自召见他们，训导他们遵守为国为民之道，清正廉明。为了推行他的思想，萧衍还下诏书到全国，如果有小的县令政绩突出，可以升迁到大县里做县令；大县令有政绩就提拔到郡做太守。政令执行起来后，梁的官治状况得到了显著的改善。

中华传统美德百字经
ZHONGHUACHUANTONGMEIDEBAIZIJING

◎文苑拾萃

车中见美人

（南北朝）萧纶

关情出眉眼，软媚著腰肢。

语笑能娇媄，行步绝逶迤。

空中自迷惑，渠傍会不知。

悬念犹如此，得时应若为。

范质怀良知有原则

◎约束一个人的，只有他自己的良心。——格言

> 范质（911—964年），字文素。大名宗城（今河北威县）范家营人。五代后周和北宋初大臣。历经后梁、后唐、后晋、后汉、后周、北宋六朝，五朝为官，两朝为相。

范质在五代、北宋之时皆仕朝廷，以"廉慎守法"享誉当时。

后唐长兴四年（933年），范质举进士，为忠武军节度推官，迁封丘令。后晋、后汉时，官至翰林学士、户部侍郎，人称有"宰相器"。

后周建立后，范质累迁兵部侍郎、枢密副使、参知枢密院事、左仆射兼门下侍郎、平章事等职，深为太祖郭威倚重。世宗柴荣即位后，范质以"律条繁冗，轻重无据"，官吏得以"因缘为奸"，建议世宗重新制定刑律，是为《刑统》。世宗驾幸扬州时，因事迁怒于近臣窦仪，要将窦仪治罪。范质免冠叩头泣下，劝谏世宗说："臣备位宰相，岂可使人主暴怒，致近臣于死地耶？愿宽仪罪。"使世宗宽赦了窦仪。范质也因此赢得了世宗的信赖。宋禅周，范质以佐命元臣，官至太子太傅，封鲁国公。

范质历仕五代、宋初，始终"廉介自持"，未曾接受过任何人的馈遗，前后所得俸禄赏赐也多分给孤苦无依之人。他闲居家中，"食不异品"，死后家无余财。

宋太祖曾对侍臣说："朕闻范质止有居第，不事生产，真宰相器也。"

宋太宗也称赞他说："宰辅中能循规矩、慎名器、持廉节，无出质右者。"

◎故事感悟

　　范质一直坚守着廉洁的作风和信念，并持之以恒，值得敬佩。这个故事也告诉我们，拥有信念，犹如在茫茫长夜中点亮一盏明灯；拥有信念，犹如在冰天雪地里保存着一点希望的火种；拥有信念，犹如在广袤沙漠中见到了久违的绿洲……坚守信念、保持操守、恪守立场，我们才不会在人生的旅途中迷失方向。因此，信念是我们走好人生之旅的关键。

◎史海撷英

范质受宠

　　周太祖自邺起兵，进取京城，范质为避战乱，藏匿民间，经四处查访，被周太祖找到。当时正值隆冬，大雪纷飞，周太祖脱下龙袍给范质披上，以示关心敬重。随后便让他为太后起草诏书，虽为仓促撰成，周太祖阅后甚是满意，于是禀报太后，封范质为兵部侍郎，枢密副使。后周广顺初年，范质被封中书侍郎，兼集贤殿大学士，后兼枢密院事，位进右朴射，兼门下侍郎，兼修国史，位极人臣。周显德四年（957年），国家律令繁杂重复，判决轻重无据，致使官吏乘隙舞弊，范质上书朝廷，建议重新修订律令，周世宗让范质详细修订，从而产生《刑统》。周世宗病危，范质作为顾命大臣，入内接受遗诏，扶持周恭帝继位，被封为萧国公。

◎文苑拾萃

贺李昉

（宋）范质

翰苑重求李谪仙，词锋颖利胜龙泉。
朝趋建礼霞烘日，夜直承明月印天。
圣主重知缘国士，相公多喜为同年。
青春才子金门贵，蜀锦袍新夺日鲜。

王彦章重良心讲气节

◎生，我所欲也；义亦我所欲也。二者不可得兼，舍生而取义者也。——《孟子·告子上》

王彦章（863—923年），字贤明（一作子明）。郓州寿张（今山东梁山西北）人。中国五代时后梁名将。朱温建后梁时，彦章以功为亲军将领，历迁刺史、防御使至节度使。他骁勇有力，每战常为先锋，持铁枪驰突，奋疾如飞，军中号为王铁枪。

后梁北面招讨使王彦章作战失利，后梁末帝朱瑱撤了他的职，让副招讨使段凝取代王彦章做北面招讨使。后唐庄宗同光元年（923年）八月，朱瑱又重新起用王彦章，让他率兵1万攻打郓州。九月下旬，他刚刚渡过汶水，天平节度使李嗣源就派部将李从珂在递坊镇拦截并打败他的前锋，斩杀300多人，捕获300多人。王彦章只好退守中都。

十月初一，后唐庄宗李存勖率领大军渡过黄河到达郓州，与李嗣源合兵一处，向王彦章发起进攻。

初四早晨，作为前锋的李嗣源与后梁军队遭遇。后唐军士气旺盛，锐不可当，把后梁军队打得大败而逃。李嗣源率领后唐军紧紧追赶，一直追到中都城外，后唐大军把中都城团团包围起来。

王彦章没想到后唐军进军如此神速，他一马当先，挥动铁枪杀开一条血路，冲出包围。后唐军队从四面八方聚拢过来，奋勇追杀。王彦章只好带着几十名骑兵逃走。

后唐龙武大将军李绍奇单人独骑追了上来，他大吼一声："王铁枪！"

王彦章一愣神的工夫，李绍奇的长槊就刺了过来，把他刺落马下。

王彦章被俘以后，李存勖想降伏他，就亲自对他进行审讯。

"王彦章，你常骂我是斗鸡小儿，现在服不服？"李存勖问。

王彦章冷冷一笑，根本不回答。

"你是一员名将，为什么不坚守兖州，却去保卫没有防御工事的中都？"李存勖又问。

"天命已去，没什么可说的！"王彦章说。

李存勖也不同他计较，派人给他治疗伤口。王彦章却不领情，他说："我是大梁的将领，绝不会做唐朝的臣子！"

李存勖又派人反复劝说他，都没有奏效，只好十分惋惜地把他处死。

◎故事感悟

如果说"不以成败论英雄"这种论法有道理的话，那么，王彦章作为后梁败兵之将视国家尊严为至高无尚，宁可断头洒血，气节不可息的历史故事为此作了诠译。

◎史海撷英

王彦章骁勇善战

王彦章本性异常忠勇，臂力超人，临阵对敌时，经常奋不顾身，身先士卒地冲杀。他看不起李存勖没有任何计谋的冒险行动，常对人说："李亚子乃是一个斗鸡小儿，没什么可怕的！"王彦章的勇武让李存勖对他也很害怕，当初，李存勖听说王彦章被任命为招讨使，就赶忙领兵从魏州往黄河沿岸去准备迎击王彦章。待李存勖到达时德胜南城已经被王彦章攻陷，可见王彦章用兵速度之快。李存勖曾经说："此人可畏，应该避其锋芒。"有一天，李存勖领兵进逼潘张寨，由于军队隔着黄河，不能救援，王彦章就抄起铁枪上了船，大声命令船夫解开缆绳立即开船，贺瑰拉他也没有拦住。王彦章一人过了河，单独去救援。李存勖听说王彦章来了，领兵就退走了。王彦章的骁勇善战由此可见一斑。

◎文苑拾萃

人死留名的典故

　　王彦章是五代时的人，他年轻的时候跟随梁太祖打仗，立下不少的战绩，太祖死后又为末帝巩固了梁朝的江山，功劳不能说不大。可是当王彦章攻打后唐连续两次失败后，向来对他有反感的人趁机向末帝说王彦章的坏话，最后王彦章被罢免了兵权。不到半年，后梁江山不保，只好再度请出王彦章。

　　一次，王彦章被唐兵活捉了，后唐庄宗很赏识他，想让他做将领，王彦章说："哪有当将领的人，早上替这个国家效力，晚上又为另一个国家做事的？所以请大王给我一刀，我没有怨言，只会感到很荣幸。"最后虽然他还是死了，但却留下了很好的名声。

做人不可欺心

◎一个人最伤心的事情无过于良心的死灭,一个社会最伤心的现象无过于正义的沦亡。——郭沫若

> 赵德钧(?—937年),本名行实。幽州人。后唐庄宗赐姓名曰绍斌,累迁沧州节度使。同光三年移镇幽州。明宗即位,归本姓,始改名德钧。天成中加侍中,授东北面招讨使,累官至检校太师兼中书令,封北平王。晋祖起义晋阳,末帝以德钧为诸道行营都统,时范延光领兵于辽州,德钧欲并其军,奏请不从,乃遣使契丹,求立为帝。晋祖入立,契丹锁入以入蕃,天福二年(937年)卒于契丹。

后唐的晋安寨向后晋投降以后,后唐各州纷纷归顺后晋。卢龙节度使赵德钧见势不妙,急忙逃奔潞州。

后晋高祖天福元年(936年)闰十一月,后晋高祖石敬瑭和契丹皇帝耶律德光到达潞州,赵德钧不得不投降。耶律德光把赵德钧和他的儿子赵延寿押往契丹。

来到契丹后,赵德钧把携带的财宝和田宅契据作为见面礼拜谒耶律德光的母亲述律太后。

述律太后神态威严地注视着赵德钧,冷冷地问道:“你最近为什么到太原去?”

赵德钧吓出了一身冷汗,他慌忙回答:“我是奉唐朝皇帝的命令去的。”

太后把眼一瞪,用手指着天说:“你到太原是想让我儿扶你做天子,什么‘奉唐朝皇帝的命令’!你为什么说假话?”

赵德钧没想到这个老太婆对一切都了若指掌,他的脸一下子红了。

述律太后稍稍停顿了一下，又用手指指自己的心，加重语气说："这里是不能欺骗的！"

赵德钧扑通一声跪倒在地，浑身筛糠，一句话也说不出来。

述律太后继续说："你身为唐朝大臣，不能抗击敌人，又打算乘乱谋求私利。你这样做，还有何面目活在世上？"

赵德钧面如土色，头也不敢抬起来。

太后话锋一转，问道："你进献的财物都在这里，你进献的田宅在哪儿？"

赵德钧声音有些颤抖地回答："在……在幽州。"

太后追问："幽州现在属于谁？"

"属于太后。"

"那你还献什么！"

赵德钧羞愧难当，无地自容。

从此，赵德钧心情抑郁，吃不下东西，一年以后便死去了。

◎故事感悟

为人不可以欺心，这是自古以来的道理。一个欺心的人在世人面前是抬不起头来的。赵德钧先背叛于后唐，又欲欺蒙于契丹，最终落得郁郁早亡的下场。

◎史海撷英

李存勖昏庸

龙德三年（923年）四月，李存勖称帝于魏州，是为庄宗，改元同光，国号唐，史称后唐。同年十月，灭后梁；十二月，迁都洛阳。割据凤翔的岐王李茂贞与吴越、楚、闽、南平都称臣于后唐。同光三年（925年），庄宗令郭崇韬等攻灭前蜀（不久，孟知祥又占蜀地，史称后蜀），进一步统一北方，并扩展到长江上游，此时是后唐的鼎盛时期。南方诸国中，仅南汉、吴（南吴）与后唐抗衡。李存勖骄淫乱政，任用孔谦重敛急征，百姓怨愤；重用伶官、宦官，诛杀功臣，抢掠魏州军营妇女入宫，激起魏州兵变。四年（924年）三月，李克用养子蕃汉总管李嗣源（沙陀人，原名邈佶烈）借兵变力量夺取汴州（今河南开封）。四月，李存勖在洛阳被乱兵杀死，李嗣源入洛阳称帝，改名李亶，是为明宗，改元天成。

◎文苑拾萃

如梦令

（后唐）李存勖

曾宴桃源深洞，一曲舞鸾歌凤。

长记别伊时，和泪出门相送。

如梦，如梦，残月落花烟重。

耶律吼有良知不重财

◎良心的觉醒就是灵魂的伟大。——格言

> 辽世宗耶律兀欲（917—951年），名阮，阿保机孙。父耶律倍，曾封为永康王。太宗病死于归途中，他随行军中。在宗室大臣耶律安抟、耶律吼、耶律洼等拥戴下，他于947年4月戊寅日继位，改年号为"天禄"。在位4年，951年被耶律察割等杀，时年35岁。

后晋皇帝石重贵向辽国呈递的奏章中不称自己为"臣"，言辞也很傲慢。耶律吼说："后晋的这种罪行不能不讨伐。"等到辽太宗亲征后晋时，耶律吼率领自己的部队随同前往。进入汴梁城后，许多将领都去拿宫中国库里的奇珍异宝，只有耶律吼去取马的铠甲，辽太宗因此表扬了他。

不久，他又因功当了采访使，辽世宗赐给他珍宝财货，耶律吼谢绝说："我的地位已很高，哪里还敢追求富贵！我的堂弟耶律琭的儿子因犯罪而被抄家没收了财产。陛下您要是可怜他而退给他们财产，那么我受的赏赐就显得更多了！"

辽世宗说："耶律吼舍去自己的重赏而为同族兄弟求情，他的贤德远远超出一般人哪！"于是便同意了他的请求。

◎故事感悟

耶律吼临胜不骄，临赏不贪，舍资财而重亲情。确实是一个轻财重义、推重良心的人。在官位财富面前是最能考量一个人的道德品质的。

◎史海撷英

辽世宗宠信察割

耶律阮即位以后不久，就将应天后和耶律李胡迁到祖州软禁起来；又将后党贵族划没、楚补里等处死。第二年，拥立他即位的一些贵族以他的妹夫萧翰为首谋反，事情泄露，被耶律阮平服。947年，萧翰又和东丹王安端密谋反叛，经安端子察割告密，耶律阮便将萧翰处死，安端降职，察割得到重用。察割暗中也在密谋夺位，虽有臣下几次要耶律阮采取措施，清除察割，耶律阮却说："察割揭发了他的父亲，如此忠于我的人，不会有二心的。"更封察割为燕王，十分宠信。

◎文苑拾萃

海上诗

（辽）耶律倍

小山压大山，大山全无力。
羞见故乡人，从此投外国。

以诚交易，纯心待人

◎不仁者不可以久处约，不可以长处乐。——《论语》

> 曾巩（1019—1083年），字子固，世称"南丰先生"。建昌南丰（今属江西）人，后居临川（今江西抚州市西）。曾致尧之孙，曾易占之子。嘉祐二年（1057年）进士，北宋政治家、文学家、散文家，"唐宋八大家"之一，世称"南丰七曾"（曾巩、曾肇、曾布、曾纡、曾纮、曾协、曾敦）之一，在学术思想和文学事业上贡献卓越。

曾叔卿是曾巩的同族之兄。

曾叔卿家里很贫苦，但从来没有欺人之心。他曾买西江的陶器，想贩卖到北方，最终没能去成。有人想从他那里转手贩卖，他就把陶器给了那个人。

曾叔卿已经拿到了钱，他又问那个人要到什么地方去。那个人回答说："想仿效您原先的办法去北方。"

曾叔卿说："不可以。我听说北方最近发生自然灾害，此物一定不畅销，所以不可以去。这件事我怎么能不对你说而误了你呢。"那人就把已支付的钱又拿走了。

曾叔卿身居乡里，品行高洁，不是他所应接受的东西，一点也不要。他一直抚慰庇护那些孤苦无依的人，并对他们关爱有加，唯恐尽不到他的真诚之意。

后来他考中进士，官做到著作郎。

◎故事感悟

曾叔卿推重良心，主动为他人设想，宁愿自己和家人忍饥受寒也不愿把灾难推给别人，表现了做人的高尚品格，值得赞誉。

◎史海撷英

曾巩编校史馆书籍

曾巩既中进士，便被调任为太平州（今安徽当涂）司法参军，又召编校史馆书籍，迁馆阁校勘，集贤校理，为实录检讨官。在这期间，曾巩对于历代图书作了很多整理工作。对于历代图书聚散以及学术源流多所论述，写过一些叙录，如《新序目录序》、《列女传目录序》、《战国策目录序》等，还有《梁书》、《陈书》、《南齐书》等，也都写有"叙录"。

◎文苑拾萃

一 鹗

（宋）曾巩

北风万里开蓬蒿，山水汹汹鸣波涛。
尝闻一鹗今始见，眼驶骨紧精神豪。
天昏雪密飞转疾，暮略东海朝临洮。
社中神狐倏闪内，脑尾分砾垂弓囊。
巧兔狞鸡失草木，勇鸷一下崩其毛。
窟穴呦呦哭九子，帐前活送双青猱。
喁啾燕雀谁尔数，骇散亦自亡其曹。
势疑空山竭九泽，杀气已应太白高。
归来礌蒐戴俎豆，快饮百瓮行春醪。
酒酣始闻壮士叹，丈夫试用何时遭。

章正宸不因私徇情

◎如果你没有良心，先得把心革新。——格言

章正宸（生卒年不详），字羽侯，号格庵，晚号偽东饿夫。会稽人。从举同里刘宗周，有学行。崇祯四年（1631年）进士，由庶吉士改礼科给事中。王应熊入阁不由廷推，正宸疏劾之，下诏狱。旋起历吏科都给事中。屡忤首相周延儒，又诋兵部尚书陈新甲奸邪。既而会推阁臣失帝意，谪戍均州。福王时，官至大理丞。明亡，弃家为僧，不知所终。正宸所著，有《章格庵遗书》5卷经《四库总目》传于世。

章正宸跟随同乡刘宗周学习，学问品行都好。崇祯四年（1631年）中进士。崇祯九年（1636年）冬天，朝廷召他进京封为户科给事中，又升为吏科都给事中。

周延儒第二次做首相，思宗皇帝对他非常尊敬。章正宸是周延儒的门生，给予过支持。正月初一朝廷集会，思宗皇帝施以隆重的尊师礼节，让周延儒等人进入朝堂，并向他们作揖说："朕将国家的一切都听从先生安排。"

章正宸说："陛下尊重阁臣，希望阁臣竭尽忠诚来正君心。不要攀附宦官，不要凭个人恩怨处理事，不要凭着恩宠将功劳归为己有，不要拿官爵利禄给亲近的人。"

他的话都是含蓄地劝谏周延儒的。周延儒想用宣府（今河北省宣化县）巡抚江禹绪做宣府、大同的总督，章正宸坚持说不行。吏部迎合周延儒的意向，就任用了江禹绪。周延儒想起用江陵（今属湖北）知县史调元，章正宸阻止了他。

◎故事感悟

章正宸不肯迎合曲从，趋炎附势，这正是他推重良心、讲求原则的品格。也正因为此，章正宸对皇帝提出的"不要攀附官，不要凭个人恩怨处理事，不要凭着恩宠将功劳归己有，不要拿官爵利禄给亲近的人。"充分展示了中国古代为官者"竭尽忠诚正君心"的做官之道典。

◎史海撷英

崇祯下罪己诏

崇祯十年（1637年）闰四月，北方大旱，中原大地，赤野千里，饿殍遍野，民不聊生，而地方官吏仍旧逼粮催科、盘剥百姓，多处地方亦然民怨沸腾如干柴烈火，一触即燃，面对这样的危局，崇祯帝的头脑十分清醒，可是却无可奈何，山高皇帝远，朝廷中枢对于基层吏治的腐败也是鞭长莫及、望洋兴叹！为此，崇祯帝在久祈不雨时的《罪己诏》上痛切地说道："张官设吏，原为治国安民。今出仕专为身谋，居官有同贸易。催钱粮先比火耗，完正额又欲羡余。甚至已经蠲免，亦悖旨私征；才议缮修，（辄）乘机自润。或召买不给价值，或驿路诡名轿抬。或差派则卖富殊贫，或理谳则以直为枉。阿堵违心，则敲扑任意。囊橐既富，则好愿可容……"

◎文苑拾萃

四登科诗

（明）杨申

荣第时皆有，通家得者稀。

德星一门聚，昼锦四人归。

苦学酬身世，佳名播帝畿。

效官修政术，此去展才徽。

正直有节操的王遴

◎良心是人生的根本。——格言

> 王遴（1498—1585），字继津。煎茶铺村人。初任绍兴府推官，后调京为武选主事，性正直不妄交友。时边患正迫，他大兴屯田，修关隘，挖水渠，甚得民心。后历任右副都御史、兵部右侍郎、南京工部尚书、南京兵部尚书、户部尚书、兵部尚书等职。户部任上奏陈理财七事，切中时弊。著有《大隐堂诗集》4卷、《二镇疏草》8卷、《奏议》10卷。

　　王遴于嘉靖二十六年（1547年）中进士。他严肃刚直，崇尚志节气概，不乱交友。同僚杨继盛揭发严嵩及他的孙子严效忠冒军功的事，下到部里审察。

　　严世蕃自己写了审察结果的稿子，将它托付给武选郎中周冕。周冕揭发出来，反而有了罪。尚书聂豹惧怕严氏父子，催促主管部门将严世蕃的稿子呈上，王遴到他面前争着不让，聂豹大怒，竟按世蕃说的那样上报审察的结果。

　　杨继盛被定为死罪，王遴供给他粥饭，并将女儿许配他的儿子应箕。严嵩父子大怒，找了别的事将王遴逮捕投入诏狱。后来事情澄清又复了官。

　　到杨继盛死后，王遴将他收殓埋葬了。

◎故事感悟

　　王遴坚守自己的节操，做到了问心无愧。"高尚是高尚者的墓志铭。"坚守一方心灵的净土，便可生如夏花之绚烂。

◎史海撷英

嘉靖尊道教

嘉靖帝尊道教、敬鬼神，一生乐此不疲，这与他从小生长的环境关系密切。荆楚之地本就是道教的源头，嘉靖帝的父母也尊信道教，耳濡目染对嘉靖帝的影响不言而喻。嘉靖帝个性很强，认定的事大多难以改易，他不仅本人信道，当上皇帝以后，还要全体臣僚都要尊道，尊道者升官发财，敢于进言劝谏者轻则削职为民、枷禁狱中，重则当场杖死。嘉靖帝时道士邵元节、陶仲文等官至礼部尚书，陶仲文还一身兼少师、少傅、少保数职，这在明朝历史上是空前绝后的。

◎文苑拾萃

送毛伯温

（明）朱厚熜

大将南征胆气豪，腰横秋水雁翎刀。

风吹鼍鼓山河动，电闪旌旗日月高。

天上麒麟原有种，穴中蝼蚁岂能逃！

太平待诏归来日，朕与先生解战袍。

中华传统美德百字经

良·推重良心

第三篇

心有良知，为民造福

荀子存良知讲仁战

◎以爱己之心爱人，则仁不可胜用矣；以恶人之心恶
己，则义不可胜用矣。——晁补之

荀子（约公元前313—前238年），名况，字卿。因避西汉宣帝刘询讳，因"荀"与"孙"二字古音相通，故又称孙卿。周朝战国末期赵国猗氏（今山西安泽）人。著名思想家、文学家、政治家，儒家代表人物之一，时人尊称"荀卿"。曾三次出齐国稷下学宫的祭酒，后为楚兰陵（今山东兰陵）令。荀子对儒家思想有所发展，提倡性恶论，常被与孟子的性善论作比较，对重整儒家典籍也有相当的贡献。

大思想家荀子生活在各国拼命厮杀、你争我抢的战国时代。

荀子常到各地去游历，所到的地方哀鸿遍野，尸骨成堆，人烟稀少。每每看到这种凄惨的景象，一股悲凉就会袭上他的心头。

荀子冷静地想：都是战争，那无休无止、烽烟四起的战争，造成这样萧条的景象。可怎样制止这些残酷的战争呢？荀子经过苦思冥想，终于提出了"仁战"的主张。

荀子实在不忍心看到老百姓继续遭受战乱所带来的巨大痛苦，于是，决定周游各国，奉劝各国都讲"仁战"。

有一次，荀子来到赵国，正巧楚国的临武君也在赵国，临武君和荀子一样都是当时很有名望的学者。赵国国君孝成王正在谋求强国的妙策，听到他俩到来，立即盛情接待了他们。

孝成王把他俩请到富丽堂皇的宫殿里，虚心地向他们请教用兵的要领。

临武君傲慢地说："用兵的要领有二：一要有好运气，二要占领有利地势。"

荀子不同意临武君的意见，他反驳说："如果各国无休止的争战，尔虞我诈，不讲信用，得不到人民的拥护，那么，就算运气好，地势有利，最终也必然失败。因此，我认为用兵的要领只有一点，那就是必须得到人民的拥护。"

临武君看到孝成王津津有味地听着荀子的话，心里酸溜溜的。但他不甘示弱，进一步争辩说："不，不，我认为作战的要领只有一点，就是在对方没有准备时，偷偷地去进攻。"

荀子一向反对不讲仁义的做法，听到临武君说出要偷偷进攻别国，非常气愤。他坚决反对说："对讲究仁义的军队，用欺骗手段是无济于事的。因为讲信义的军队，官兵一心，上下一致。在同敌人交锋时，队伍行列整齐，纪律严明，士兵作战勇敢，不怕牺牲。这样的部队像一把锋利的宝剑一样刺入敌人的心脏，敌人必然溃不成军。"

"再厉害的部队也经不住突然的袭击。"临武君迫不及待了。

荀子知道，像临武君这样好战的人，为了达到自己的目的，什么卑劣的手段都会使出来的。但他坚信，广大人民才是决定战争胜败的根本力量。他继续说："讲仁义的部队必然会得到人民的全力支持。其实，早在敌人偷袭之前，老百姓就已摸清敌人的底细，并主动报告给部队。等敌人来袭时，部队早已做好了充分的准备，以迅雷不及掩耳之势痛击敌人。这样，最终失败的还是敌人。"孝成王听了荀子的话，深受启发。他按照荀子的方法训练部队，果然一次又一次地击败了来侵略的敌军。从此，赵国实力大增，成为强盛的国家。

赵国的成功使荀子仁战主张的影响越来越广泛，荀子的学生也对仁战的主张产生了浓厚的兴趣，他们学习老师的思想，希望能像老师一样把思想运用于实践中去。

一天，荀子正讲他的仁战思想时，有一个名叫陈嚣的学生提出了一个尖刻的问题。

他向荀子问道："老师，您讲用兵时，又常常要提到仁义信用。可是，用兵就是打仗，就是杀人；而讲仁义信用是要爱护人民、取信人民的，这不是互相矛盾吗？"

荀子觉得陈嚣的问题提得好，就趁这个机会给同学们解释道："讲仁义信用，确实是要爱护人民。可是，大家想想，要爱护人民不惩罚那些残害人民的坏人能行吗？不用正义的战争驱逐敌人，敌人会自动撤退吗？更主要的是，人民也会加入到这种正义的战争中去。只有那样，人民才会过上幸福的生活。"

◎故事感悟

荀子的仁战主张告诉我们，战争并不可怕，可怕的是失去民心。荀子清醒地认识到这一点的重要性，心系百姓，心系国家，这才是国家强盛的根本所在。

◎史海撷英

荀子重"礼"

荀子的思想偏向经验以及人事方面，是从社会脉络方面出发，重视社会秩序，反对神秘主义的思想，重视人为的努力。孔子中心思想为"仁"，孟子中心思想为"义"，荀子继二人后提出"礼"，重视社会上人们行为的规范。以孔子为圣人，但反对孟子和子思为首的"思孟学派"哲学思想，认为子贡与自己才是继承孔子思想的学者。荀子认为，人与生俱来就想满足欲望，若欲望得不到满足便会发生争执，因此主张人性本恶，需要由圣王及礼法的教化，来"化性起伪"使人格提高。

冯道论以民为本

◎以仁义服人，何人不服。——吴敬梓

> 冯道（882—954年），字可道，自号长乐老。五代瀛州景城（今河北交河东北）人。中国大规模官刻儒家经籍的创始人。历仕后唐、后晋（契丹）、后汉、后周四朝十君，拜相二十余年，人称官场"不倒翁"。好学能文，主持校订了《九经》文字，雕版印书，世称"五代蓝本"，为我国官府正式刻印书籍之始。

汝州民众要为刘审交树碑建祠、按时致祭，前相国、太师、秦国公冯道听到这些消息后说："我曾做过刘审交的幕僚，知道他为人廉正、平和、慈善，不愧是个好官。在辽州（今山西左权）、磁州（今河北磁县）做刺史和在陈州（今河南淮阳）、襄州（今湖北襄阳）、青州（山东青州）做防御使时，被人称道为公正诚实，不出花样。他治理汝州（今河南临汝），又怎能有别的做法呢？民众的租税不能减免，徭役不能免除，冷的不能给他衣穿，饿的不能给他饭吃，百姓自己匆忙劳碌，刘使君对他们又有什么特殊帮助呢？但去世的时候，却让百姓如此感怀，其原因在于不施酷刑，不行盘剥，不假公济私，不害物利己，坚决施行清官政治，轻刑罚，赦过错，克己节用，安于俸禄、固守礼法罢了。

凡做父母官的，谁不能这么做呢？但以前的州官，却不能这样做，所以汝州民众（对这样做的刘审交）赞叹爱慕。现今天下战乱之后，四方盗贼抢掠之余，织机不转动而赋税却频频征收，人民稀少、仓库空虚，将此称为康泰，而不改变随意的政令。上下大小各类地方官吏，若确能哀怜民众，不横征暴敛，不滥杀无辜之民，以民为邦本，以政为民本，和平宽易，那么刘审交的为政又怎值得称道呢？又怎怕自己不能博得美名呢？"

◎故事感悟

冯道的评论鞭辟入里，让人深思。现如今的社会，我们也应当提倡关注民生，关心民瘼，强调"为政以爱民为本"。

◎史海撷英

冯道警醒明宗

后唐天成、长兴年间，连年丰收，中原比较安定，冯道却告诫后唐明宗："我以前出使中山，在经过井陉天险时，怕马有个闪失，小心翼翼地紧握着缰绳，但到了平地就认为没有什么值得顾虑了，结果突然给从马上颠下受伤。在危险的地方因考虑周到而获得安全，处于太平的环境却因放松警惕而产生祸患，这是人之常情。我希望你不要因为现在丰收了，又没有战事，便纵情享乐。"明宗问他："丰收后百姓的生活是不是有保障了？"冯道说："谷贵饿农，谷贱伤农，历来如此。我记得近来聂夷中写过一首《伤田家诗》道：'二月卖新丝，五月粜秋谷，医得眼下疮，剜却心头肉。我愿君王心，化作光明烛，不照绮罗筵，偏照逃亡屋。'"明宗让左右抄下这首诗，经常自己诵读。

◎文苑拾萃

荣枯鉴·圆通卷一

（后唐）冯道

善恶有名，智者不拘也。

天理有常，明者不弃也。

道之靡通，易者无虞也。

惜名者伤其名，惜身者全其身。

名利无咎，逐之非罪，过乃人也。

君子非贵，小人非贱，贵贱莫以名世。

君子无得，小人无失，得失无由心也。

名者皆虚，利者惑人，人所难拒哉。

荣或为君子，枯必为小人。

君子无及，小人乃众，众不可敌矣。

名可易事难易也，心可易命难易也，

人不患君子，何患小人焉？

汲黯心怀良知不怕死

◎以家为家，以乡为乡，以国为国，以天下为天
下。——《管子·牧民》

汲黯（？—前112年），字长孺。濮阳（今河南濮阳）人。西汉初年名臣。汲黯出身名门，七世为卿大夫。在周时便几世为卫国的卿大夫了。孝景帝时为太子洗马，武帝即位后为谒者，并先后任荥阳令、东海太守、主爵都尉，位列九卿。汲黯为政，以民为本，同情民众的疾苦。一次河内失火，武帝派他去视察，他到河南，见正遭水灾，饥民塞路，父子相食，饿死沟壑者不计其数，汲黯不畏矫制之罪，便以皇帝使臣的名义，持节开仓放粮赈济贫民，人民大悦。

汉武帝时期，整个河内地区连下暴雨，山洪成灾。

天空中一直下着雨，整个河内（今陕西）地区雨水过多，河流暴涨，黄河大水滚滚而下，气势汹涌，人们的房屋被冲毁了，牲畜被冲走了，庄稼被淹没了……

人们受不了这可怕的洪水，纷纷祈求上天停止下雨："天啊，可怜可怜我们吧！"

"天啊，我们不要这么多雨啊！快别下雨了！"

可怕的雨水总算停止了，洪涝接着也消失了，人们满怀希望重新整理被水灾破坏的一切，盖了房子，买了牲畜，地里也重新种上了庄稼。

但是，可怕的旱灾又一次降临到大地上。一连好几个月不下雨，太阳整天晒着，把地里的庄稼全部晒死了。

庄稼死光了，人们没有吃的，河内地区出现了令人惨不忍睹的景象：牲畜吃光了，草根、树皮吃光了，有些地方出现了人吃人的现象……

这时，汲黯来到了河内地区。他是汉武帝的使者，专门负责迎接宾客和奉命出使外地。这次他正好路过多灾的河内地区。

一到河内，汲黯就看到了枯死的庄稼、饥饿的百姓和饿死人的尸骨。面对此情此景，汲黯想，应该赶快救济百姓，不然百姓就活不下去了。于是，他马不停蹄地来到了河内地区官府。

汲黯一到官府，就立即派人把太守叫来，让他详细汇报河内灾情。

太守赶紧向汲黯汇报说："先是无休止的水灾，接着又是可怕的旱灾，农民苦苦挣扎劳动，却没有收到粮食……"

"你们怎么不向皇上报告呢？"

"已经派人报告去了，过一段时间才回来。"

"太晚了，这里每天都会饿死许多人呀！"

太守吞吞吐吐地说："我们也没有什么办法啊！"

汲黯着急地问太守："这里的粮仓里有存粮吗？"

"有啊！"

"那你们为什么不赶快救济百姓？"汲黯气愤地对太守说。

太守看到汲黯发这么大的火，心里也非常害怕，仍硬着头皮说："没有皇上的命令我不敢开仓啊！"

汲黯沉默了，是啊，没有皇上的命令，谁要是私自打开国家仓库取粮食，那可是要杀头的啊！但也不能眼看着百姓饿死不管啊。汲黯的眼前又浮现出了百姓们悲哀的呻吟、痛苦的挣扎……现在是救人要紧，就是我被杀头，也要救出这些快被饿死的百姓。

想到这里，汲黯果断地对太守说："开仓！把粮食取出来救济百姓！"

开仓？太守怀疑自己是否听错了，开仓是要被杀头的啊！他提醒汲黯说："大人，没有皇上的命令啊！"

"现在救人要紧，到时候皇上怪罪下来，一切后果由我负责！"

太守被汲黯的大胆果断所镇服，终于答应开仓救济百姓。

河内地区的人民得到救济的粮食，没有饥饿的威胁，生产生活很快安定下来了，人们奔走相告，异口同声称赞汲黯仁德爱民的高尚行为。

后来，汉武帝知道了这件事，没有惩罚汲黯，还对汲黯大加赞赏。

◎故事感悟

为民请命有时也要冒很大的风险，汲黯不顾个人安危，一心为民，值得敬佩。

◎史海撷英

汲黯敢于质问指责张汤

大将军卫青入侍宫中，皇上曾蹲在厕所内接见他。丞相公孙弘平时有事求见，皇上有时连帽子也不戴。至于汲黯进见，皇上不戴好帽子是不会接见他的。皇上曾经坐在威严的武帐中，适逢汲黯前来启奏公事，皇上没戴帽，望见他就连忙躲避到帐内，派近侍代为批准他的奏议。汲黯被皇上尊敬礼遇到了这种程度。

张汤刚以更改制定刑律法令做了廷尉，汲黯就曾多次在皇上面前质问指责张汤，说："你身为正卿，却对上不能弘扬先帝的功业，对下不能遏止天下人的邪恶欲念。安国富民，使监狱空无罪犯，这两方面你都一事无成。相反，错事你竭力去做，大肆破坏律令，以成就自己的事业，尤为甚者，你怎么竟敢把高祖皇帝定下的规章制度也乱改一气呢？你这样做会断子绝孙的。"汲黯时常和张汤争辩，张汤辩论起来，总爱故意深究条文，苛求细节。汲黯则出言刚直严肃，志气昂奋，不肯屈服，他怒不可遏地骂张汤说："天下人都说绝不能让刀笔之吏身居公卿之位，果真如此。如果非依张汤之法行事不可，必令天下人恐惧得双足并拢站立而不敢迈步，眼睛也不敢正视了！"

◎文苑拾萃

哭蒋詹事俨

（唐）崔融

江上有长离，从容盛羽仪。

一鸣百兽舞，一举群鸟随。

应我圣明代，巢君阿阁垂。

钩陈侍帷扆，环卫奉旌麾。

雅量沧海纳，宏才庙廊施。

养亲光孝道，事主竭忠规。

贞节既已固，殊荣良不訾。

朝游云汉省，夕宴芙蓉池。

汲黯言当直，陈平智本奇。

功成喜身退，时往惜年驰。

镇国山基毁，中天柱石颓。

将军空有颂，刺史独留碑。

芜漫藏书壁，荒凉悬剑枝。

昔余参下位，数载忝牵羁。

置榻恩逾重，迎门礼自卑。

竹林常接兴，黍谷每逢吹。

逸翰金相发，清谈玉柄挥。

不轻文举少，深叹子云疲。

遗爱犹如在，残编尚可窥。

即今流水曲，何处俗人知。

龚太守息盗有方

◎长太息以掩涕兮，哀民生之多艰。——屈原《离骚》

> 龚遂（生卒年不详），字少卿。为山阳郡南平阳县（今山东邹城市平阳寺）人。以明经为昌邑王郎中令。昌邑王刘贺多有不正，而龚遂为人忠厚，刚正不阿，屡屡劝谏，刘贺不但不听，反而"掩耳起走"，并对人说："郎中令最善于羞辱人了。"因而，国中僚属都惧怕刘贺，不敢轻易劝谏。

西汉汉宣帝初期，遭受连年灾害的渤海郡陷入一片混乱之中。拿着刀、剑的强盗蜂拥而起，杀人抢劫，偷盗财物，占山为王。大路上随处可见成群结队的逃生者，在刺骨的寒风中冻得瑟瑟发抖……

70多岁的龚遂被皇帝任命为渤海郡的太守，承担起平息渤海郡混乱的重任。接到皇帝的任命后，龚遂日夜兼程，赶到京城去见皇帝。

当汉宣帝看到身材矮小、外貌平平的龚遂与自己听说的大不一样时，心想："这么一个小老头儿，能行吗？"

"现在渤海郡很乱，派了很多人去，花费了大量的钱财也不能平息。朕心里很担忧，你看这件事如何处理才好呢？"汉宣帝试探着问。

龚遂回答说："渤海郡地处偏远地区，本来文化就很落后，加上天灾连年，当地的官员又不怜爱灾民，灾民感到实在活不下去了，才去做盗贼的。"

汉宣帝问："如果你到了那里，准备用什么治理呢？"

龚遂说："皇上的意思是让我带兵打败这些盗贼，还是安抚这些盗贼呢？"

汉宣帝听龚遂这么一说，很高兴，说："我所以决定要选拔一个有才能的人去担任渤海郡太守，当然最好是安抚了。"

"我想，应以仁德之心去安抚渤海郡老百姓，而不能用军队去剿灭。如果皇上赞成用安抚的办法去治理渤海郡，就不能着急，只能像解一团乱绳子一样，一步步地慢慢来。"龚遂满怀信心。

宣帝说："可以，只要你能平息那里的盗贼就行。"

龚遂接着说："不过，我有一个要求：希望主管大臣不要用通常捕捉盗贼的规定来约束我。"宣帝说："可以，希望你能尽快启程，赶往渤海郡。"

龚遂到了渤海郡后，遣走保护他的卫兵，下令各县撤回捕捉盗贼的官吏，又向郡内百姓发布新的法令。法令宣布："从今天起，凡是手里拿着种田工具的人，都是好的臣民，过去的事情不再追究，只有那些继续拿着兵器的人才是盗贼。"

百姓看到新法令后，便放下心来，不再担心自己被官府当成盗贼而东躲西藏。这样一来，不费一兵一卒，渤海郡的盗贼逐渐地平息下来。

为了使百姓永弃兵器，勤务农耕，安居乐业，已平息下来的盗贼不再出现，龚遂下令开仓放粮救济平民百姓。

龚遂自己也以身作则，非常节俭。他还经常到田间村舍去了解情况，关心百姓的疾苦，劝导百姓精心种田。百姓有佩刀剑的，就让他们卖剑买牛，卖刀买犊，劝他们说："你们为什么带刀佩剑，而不多准备些农具好好耕种农田呢？"

在龚遂的治理下，渤海郡的百姓人人都勤于农桑。龚遂在秋冬时节征收的赋税也很轻。这样，不到几年的时间，渤海郡便被治理得井井有条，百姓的生活也好了起来。整个郡内非常太平，夜不闭户，路不拾遗，龚遂也受到了百姓的拥护和尊敬。

汉宣帝看到龚遂将渤海郡治理得这么好，政绩显著，便把龚遂召回京城。听了龚遂的汇报，汉宣帝非常赞赏。

◎故事感悟

治理国家首先要爱护百姓。龚遂用仁爱之心对待百姓，用宽缓的办法治理渤海郡，至今被传为美谈。

◎史海撷英

龚遂能治

渤海（今河北仓县东）郡及其附近地区发生灾荒，农民起义并起，皇室多次派兵镇压而不能平息。于是，汉宣帝亲自选拔能治之才。丞相、御史均举荐龚遂，遂当时已70多岁，身体短小，相貌平庸。宣帝召见时顿生轻蔑之意，但龚遂陈述有力，诸多良策，正中皇帝心思，皇帝听后非常高兴，欣然采纳他"唯缓之，然后可治"以及安抚教化的主张，并启用他为渤海太守，加赐黄金，赠遣书籍。

◎文苑拾萃

龚遂

（宋）徐钧

带牛佩犊俗难平，喜得公来便息兵。

最是有功能不伐，君前犹自逊王生。

百姓送粮留太守

◎苟利国家，不求富贵。——《礼记·儒行》

> 　　儿宽（?—前103年），又作倪宽。西汉千乘（今山东省高青）人。治《尚书》，为孔安国弟子。所任官职：元鼎四年（公元前113年），任左内史。在任数年内，劝农业，缓刑罚，并负责在郑国渠上流南岸开六条小渠，灌溉两旁高地，称为"六辅渠"。后任御史大夫，与司马迁等共同制定"太初历"。

　　西汉时期，陕西左冯翊郡的官府门前出现了一个令人惊奇的情景：平时寂静的官府门前人山人海，喧闹不停。在通往官府的道路上，处处可见嘈杂不已的人们，从四面八方涌向官府。拉车的，肩挑的，其中有男人也有女人，有满头白发的老人也有活泼可爱的儿童。每个人脸上都带着喜悦，似乎在完成一件了不起的任务。

　　这使人感到很奇怪，从来都是官府逼迫人民交租，今天人们怎么都自愿地交租送粮呢？这都是为了太守儿宽。

　　儿宽出生在一个贫苦的农民家庭，从小就勤奋学习，在朝廷举行的考试中名列前茅，后被朝廷录用，派他担任陕西左冯翊郡的太守。

　　儿宽一上任，就时刻注意以仁爱治民，关心人民生活。他常对人们讲："老百姓都要吃饭，所以，最重要的是应该把农业治理好。只有地里打出很多很多的粮食，人们才不会挨饿呀！"

　　于是，他积极带领农民精耕细作，发展农业生产。他发现，左冯翊郡的灌溉条件不好，遇到旱的时候地里的庄稼就会受损失。儿宽就向朝廷上书，建议开凿了六辅渠，这样，就使全郡的庄稼即使在大旱时候也能有很好的收成。百姓们的生产再也不受干旱的影响了。

儿宽处处为老百姓着想。有一次，他负责收取全郡的租税。当看到一些百姓穿得破破烂烂、流着眼泪、一脸愁容地到官府来交租，儿宽感到奇怪，就问他们："你们为什么这么忧伤啊？"

百姓们无可奈何地说："今年收成不好，就打了这么点粮食，刚刚够交官府租税的。"

"交完租你们吃什么啊？"

"没有吃的了，我们都只好饿肚子了。官府的租税是不敢不交的！"百姓们说完都呜呜地哭了起来。

儿宽感到很难过，百姓们不容易啊！就打了这么一点粮食都要用来交租，我作为百姓的父母官可不能让百姓饿肚子啊！于是，儿宽下令免去了这些贫困地区的租税。

儿宽对人民这样好，全郡人民也非常拥护他，希望他能长久的当郡太守。

一天，一个不好的消息使整个左冯翊郡的人民不安起来。

"听说儿宽太守将要被罢免了。"

"为什么把这么好的太守罢免了呢？"

"因为我们郡上交的租粮太少了。"

原来，西汉法律规定，每隔几年就要对全国各郡的太守进行考核，考查每个郡上交给国家的粮食，哪个郡最多，就奖赏太守；哪个郡最少，就罢免太守。儿宽替人民着想，减免贫困地区的粮租，因此，他治理的左冯翊郡上交的粮食就比其他郡少，所以，儿宽有可能被罢免。

不安的情绪笼罩了整个左冯翊郡，人民不愿太守离开，怎样才能留住太守呢？

"太守是因为替我们着想才可能被罢免的啊！"

"太守对我们太好了，他要走了，我们以后的日子可怎么过呀？"

"我们得想一个办法把太守留住才对。"

"有什么好办法呢？"

"现在只有一个办法，就是大家行动起来，主动交上粮租，争取咱们郡上交的粮食最多，这样，太守就不会被罢免了。"

于是，全郡人民行动起来，主动交粮，出现了争相向官府交粮的情景。结果，全郡上交国家的粮食远远超过其他各郡，儿宽受到了汉武帝的赞赏。

◎故事感悟

爱护别人的人，必然受到别人的爱戴。宽厚爱民的儿宽，自然也会受到人民的拥护与爱戴。

◎史海撷英

儿宽为汉武帝提拔

张汤把儿宽所撰写的奏章呈给汉武帝，武帝阅后准奏。

过了几天，武帝召见张汤，问道："你所递奏章，绝不是一般官吏所能撰写出来的，不知出自哪一位高手？"

张汤回答："是本府儿宽所写。"

武帝说："朕对儿宽的文采和名声早有所闻。"

由于儿宽的奏章写得好，受到武帝的赞许，张汤便委任儿宽为专门草拟刑狱诉讼文件的刑法官吏，按照春秋古法的标准判决案犯。从此，儿宽在廷尉府中很受张汤重用，办了不少刑案，伸张正义，惩处奸邪，令贪官污吏胆战心惊。

后来，张汤擢升御史大夫，儿宽被提拔为掾吏，又升为侍御史。

有一次，汉武帝召见儿宽，君臣之间谈论经学。儿宽主张应该以儒学治天下，他的高谈阔论，赢得了汉武帝的喜悦。汉武帝还专门就《尚书》中的内容，与儿宽切磋学问，君臣之间谈得十分投机。这以后，儿宽晋升中大夫，调迁为左内史。

心有良知，重农济民

◎民唯邦本，本固邦宁。——《尚书·五子之歌》

孙权（182—252年），字仲谋。吴郡富春县（今浙江富阳）人。三国时期吴国的开国皇帝，229—252年在位，传说是中国兵法家孙武的后裔。长沙太守孙坚次子，幼年跟随兄长吴侯孙策平定江东。200年孙策早逝，孙权继位为江东之主。208年，孙权与刘备联盟，并于赤壁击败曹操，天下三分局面初步形成。219年，孙权自刘备手中夺得荆州，使吴国的领土面积大大增加。222年孙权称吴王，229年称帝，正式建立吴国。

孙权当政以后，非常重视农桑大业，屡下诏书督促全国人民以务农为本。

他在诏书中说道："君主不靠百姓便不能立，而百姓如果不靠粮食便不能生。近一时期以来，由于征税劳役过多，又加上水旱灾年，农业收成有所减少；为官的人中又有一些不良分子，随意侵占百姓的耕作时间，乱派徭役，导致无粮可吃的饥困发生。从今后，军政官吏要仔细监察不法之事，凡在农忙时以劳役扰民的人或事，一定要立即纠正，并告示天下。"

在孙权的要求下，各郡县都要整理城墙，备战备荒。到了冬天，在百姓遇饥挨饿时，孙权又下令打开府库救济饥贫的百姓。由于孙权一直强调务农的重要，仓库中才存放了救灾的粮谷。

◎故事感悟

孙权可算是一代明君。他爱民如子，注重生产发展，提倡农业生产，这是值得我们当今执政者去借鉴的。

◎史海撷英

孙权胆略超群，乘马射虎

　　建安二十三年十月（218年10月），孙权亲自骑着马去庱亭这个地方射虎。他所骑乘的马被老虎抓伤，孙权就把双戟（古代兵器）投向老虎，老虎却停了下来，孙权用戈（古代兵器）攻击老虎，才把老虎抓获了。孙权每次打猎，常乘马射虎，虎常突前攀持马鞍。张昭变色而前曰："你用什么抵挡它？为人君者，应该能驾驭英雄，驱使群贤，岂能驰逐于原野，骁勇于猛兽？如一旦有所危险，恐天下耻笑？"孙权谢张昭曰："年少虑事不远，以此惭君。"但是仍然不能控制自己，于是坐射虎车，间不置盖，一人驾驶，自己在里面射之。时有脱群之兽，犯其车，而权每手击之以为乐。昭虽苦谏，孙权常笑而不答。

◎文苑拾萃

咏孙权

（吴）徐夤

一主参差六十年，父兄犹庆授孙权。
不迎曹操真长策，终谢张昭见硕贤。
建业龙盘虽可贵，武昌鱼味亦何偏。
秦嬴谩作东游计，紫气黄旗岂偶然。

刘备撤军不弃民

◎夫民，别而听之则愚，合而听之则圣。——《管
子·君臣上》

刘备（161—223年），即蜀汉昭烈帝，字玄德。涿郡涿县（今河北涿州）人。据说是汉中山靖王刘胜的后代，三国时期蜀汉开国皇帝，政治家，221—223年在位。谥号昭烈帝，庙号烈祖。

东汉末年，刘备在曹操大军接二连三的追击下，只好投奔到荆州刘表那里。刘表非常赏识刘备，用隆重的礼节迎接他，并让他带兵驻守在新野附近。

刘表病重时，特意把刘备召来，郑重地嘱托他："我的儿子没什么才能，将领也不够精良，我死之后，你可以兼任荆州刺史。"

刘备连连摆手，用温和的声音安慰刘表："您的几位公子很有才华，您还是安心养病，我是不会忘记您对我的深厚恩情的！"

刘表感动得热泪盈眶。有人不理解这件事，劝刘备说："我看你不如听从刘表的话，他这可是一片真心啊！"

刘备仍然用坚决的口气说："你不了解我，刘表待我如此，如果我听从他的话，天下的百姓一定会嘲笑我是一个不仁不义的人，我不想被天下人所误解。"

没过几年，曹操率领大军南征。这时，刘表已经病死了，刘表的儿子刘琮做了荆州牧。

刘琮是个贪生怕死的人，他不仅没带兵抵抗，反而急忙向曹操请求投降，

但他没敢把这件事告诉刘备。

很快，曹军已经兵临城下，形势十分危急。刘备得知这一消息后，捶胸顿足，仰天长叹，非常生气地说："刘琮啊，刘琮，你怎么这样没有志气呢，你对不起你父亲对你的教诲啊！"

这时，刘备部下的人，甚至诸葛亮等人纷纷劝说刘备抓住这一有利时机去攻打刘琮，占领荆州这个战略要地。

刘备沉思了许久，坚定地说："刘表病重时把他的儿子嘱托给我，我也答应要好好照顾他，如今我反而去攻打刘琮，这种事我是不忍心也决不会做的，你们别再劝了！"

当刘备率领部下经过襄阳城时，向城上大声呼喊："请刘琮出来，我有几句话要说。"刘琮吓得不敢出来。刘备无奈地叹了口气，随后来到刘表的墓前，跪倒在地，扶住冰冷的墓碑，伤心地哭了很久，四周的将领们也感动得眼眶湿润了。刘琮的部下、荆州的军士和老百姓，被刘备对刘表的深厚情谊所感动，他们都心甘情愿地跟随刘备前往江陵逃难。

到达当阳城时，跟随刘备的士兵和百姓多达10万人，运载粮草财物的车子也有几千辆。人山人海，缓慢地向前移动。百姓们扶老携幼，走得很慢。有人很焦急地劝刘备："我们的目的是占有江陵，按现在的速度走，肯定会被曹军追上的。再说，这10万多人，貌似庞大，其实并没有多少士兵，多是一些老百姓，曹军来了，又如何抵抗呢？"

刘备很自信地说："我们做大事的，应该懂得争取广大人民的拥护。大家这么热情地跟随我，是对我的信任，我又怎么忍心丢下他们不管呢？"

这支很独特的队伍仍缓慢地朝前行进着，老百姓的心里都充满了无限的希望。

这时，曹操亲自率领5000名精兵追了过来，行动神速，形势实在太危险了。直到这时，刘备才在众人的再三劝说下，不得不抛弃妻子，与诸葛亮、张飞等几十名骑兵急忙先走一步。

后来，刘备采纳了东吴军师鲁肃的建议，与孙权联合起来，共同对付曹操。从此，刘备的力量壮大了起来。

◎故事感悟

刘备为人宽厚，讲求仁义，敬重帮助过他的人，爱护拥护他的百姓，甚至在危难时也不忍心抛弃随行的平民，被后世传为美谈。

◎史海撷英

刘备抗曹操

建安四年（199年），车骑将军董承受汉献帝衣带诏，刘备起初未敢加入。后曹操与刘备"煮酒论英雄"，曹操对刘备说："今天下英雄，唯使君与操耳。本初之徒，不足数也。"刘备心惊，筷子掉落。此事后，刘备知道曹操难容自己，遂与董承等人同谋。恰逢当时曹操派刘备与朱灵一起攻击袁术，其后刘备进军下邳，杀徐州刺史车胄，留关羽守下邳，行太守事，自己还小沛。东海昌豨以及诸郡县多从刘备，刘备遂有兵数万，于是北连袁绍抗击曹操。曹操派司空长史沛国刘岱、中郎将扶风王忠往攻，被刘备击退。

◎文苑拾萃

登主楼怀刘备悼跳楼同门

佚 名

求田问舍唯堪笑，报国忘家烈可闻。

不敢高声因百尺，虽居鄙地亦三分。

孤楼一跃埋轻骨，明月岂能照使君？

自诩艰难无匹敌，只缘身已过浮云。

何远有良知"惧"百姓

◎为国者以富民为本，以正学为基。——王符《潜夫论·务本》

> 何远（470—521年），字义方。东海郯县（今山东郯城西北）人。何远初仕于南朝齐，为江夏王国侍郎，后参与崔慧景与江夏王萧宝玄围攻宫城之事。事败后他逃亡在外，曾投降北魏。后由北魏返回，迎接梁萧衍的义军，为梁朝的建立立下功勋。以后他出任武昌太守，改变先前倜傥风流的行为，折节为吏。杜绝交游，不受请托，以后历任郡、县官员，生活极为俭朴，将俸禄代贫民交纳租赋。他对人从不低声下气，也不向上官送礼。在处理政务时，打击豪强富户，扶助贫弱百姓，受到当地百姓的爱戴。

　　由于连日来干旱无雨，武昌城里的用水顿时紧张起来，就连知县何远家也得到乡下买水吃。何远是我国南北朝时期梁朝的著名清官，他为老百姓办了许多好事，现在吃水还总是如数付钱，乡亲们很过意不去。

　　几天后，有位乡民手里捧着一串铜钱来到何远家，进门便行礼作揖，诚恳地说："何老爷，我们说什么也不能收您的钱哪。您喝我们的井水，就算是我们对您的感激之情吧！"

　　何远坚决不收钱，可是，那位乡民趁何远没留神，放下钱，转身一溜烟走了。

　　何远想：我虽是县令，但和普通人一样，绝不能搞特殊。买了人家的水，就要付钱，怎么能白用呢？

　　第二天，何远亲自挑着水来到那位乡民家里，进门第一句话就说："既然你没收我的钱，那我就不能要你家的水。"那位乡民一看何远是真心实意地要给钱，知道推辞也没用，激动地噙着眼泪说："这钱我收下了。"

事后，有人背地里说何远是害怕老百姓。何远听到这话并不恼火，却意味深长地说："我是怕老百姓，不过，我怕的是老百姓过不上好生活啊！"

何远治理社会有方，政绩卓著，太守准备于近日到县里考察。

这天清早，何远发现县衙里的差役们忙忙碌碌，在院子里走来走去。从几个屋子里还传出刷盆洗碗的声音。何远不知道差役们在忙活些什么，正好迎面走来一个差役，怀里抱着一大摞彩色陶瓷碟，于是拦住差役问道："大清早的，你们忙活些什么？"

"回老爷的话，今天太守要来我们县视察，嗯，您忘了吧？"差役抱着那么高的一摞碟子，吃力地弯腰回话。

"太守要来视察，我怎么能不知道？"何远经差役一说心里已明白了八九分，但还是提高嗓门问道："我问的是，你们在忙什么？"

"噢，我们正张罗着给太守准备丰盛的宴席呢。"差役曾为前任知县干过事，有一定的阅历。他以为做了何远没想到的事，一定会得到何远的奖赏，说话时颇有几分得意。

"立即通知衙门里的人，今天不设宴席。"何远打断差役的话。

"这，这……不好好招待恐怕不合适吧？您难道就不怕得罪太守大人吗？"差役从以往的经验推测，对上级一定要毕恭毕敬。

"得罪？哪里的话，我才不怕呢！我是为老百姓做事的，只要老百姓过上好生活，我就心满意足了。"何远坚决地说。

"可是，可是……"差役无论如何也想不通，何远为什么要这样做。

"还愣着干什么，还不快点通知其他人。记住，一律按普通礼节接待，不准浪费。"何远下了最后的命令，一转身进去了。

招待太守的"宴席"都摆在了饭桌上：一碗熟干粮和一杯冒着热气的开水。太守简直难以相信自己的眼睛，每次他下去检查都是满桌的山珍海味，满耳的阿谀恭维，可今天居然仅有一只碗、一个杯子。

太守非常不满，可又不能在公众面前因为吃而随便发作，只得硬着头皮吃，心里却想：你何远对我如此无礼，看我给你点颜色瞧瞧！

在此后的检查过程中，太守总是横挑鼻子竖挑眼，但挑剔的都是些鸡毛蒜皮的小事，无法上奏。而何远的政绩确实非凡：社会秩序井然，犯罪的人寥寥无几；农民生活安康，官府从不压榨人民。太守又企图从老百姓中得到诋毁何远的口实，结果，得到的都是发自老百姓肺腑的歌颂赞扬之词。太守找不到借口，无奈只好把情况如实的汇报给朝廷。

没过多久，皇上就破格提升何远为太守。

◎故事感悟

仁，不光是仁爱，有时也需要胆略和勇气。何远不畏强暴，为了老百姓的利益敢于反抗强权，这才称得上是真正的为民。

◎史海撷英

何远为官

何远迁任武昌太守。何远本来风流倜傥，喜好行侠仗义，到这时才改变原来的志节行为，努力尽到自己的职责，杜绝交游，对亲朋的馈赠丝毫不受。武昌民间都饮用长江水，盛夏时节，何远嫌江水热，经常用钱买百姓井中的凉水，如有人不收钱，则将水还给他。他的车辆与服饰尤为简陋，所用器物没有铜制或漆器。江南盛产水产品，十分便宜，但何远每顿饭不过吃干鱼数片而已。然而他的性情刚正严厉，官吏及百姓多因小事受到鞭罚，于是被人所控告，他被征召到延尉受审，被弹劾有数十条罪状。当时士大夫犯法后，都不接受测立等拷问，何远知道自己并未犯有赃罪，就接受测立，21天没有招供，但还是以私藏违禁甲仗罪被除名。

◎文苑拾萃

临行与故游夜别

（南北朝）何逊

历稔共追随，一旦辞群匹。

复如东注水，未有西归日。

夜雨滴空阶，晓灯暗离室。

相悲各罢酒，何时同促膝？

倪若水贵人贱鸟

◎民者，国之根也，诚宜重其食，爱其命。——《三
国志·吴书·骆统传》

倪若水（？—719年），字子泉。唐代藁城人。进士出身，开元初官至中书舍人、
尚书右丞，后调其出京，任汴州刺史。期间，他修孔庙，倡教育，兴办州学、县学，
汴州百姓称颂不已。

时值初春季节，农夫耕田、蚕妇采桑。乡下的人无暇赶集，平日里热闹
非凡的汴州城变得异常宁静，街道上行人不多，只有三三两两的差役不时
走过。

这天，却来了一群身着奇装异服的人，他们悠闲自得，一边说笑打闹，
一边观赏着街道两旁琳琅满目的店铺。这些来自京城的"钦差大臣"们，早
就知道汴州一带风光秀丽，今天又看到这儿社会稳定，秩序井然，更觉得汴
州是个尽心游玩的好地方。

"朝廷派人来了！"差役急忙跑来报告刺史倪若水。

倪若水已任汴州刺史多年，他治理社会有方，汴州一带比周围其他地区
的治安要好得多。他听说朝廷的人来到汴州城，以为一定有什么大事，赶紧
出来迎接。

可这批"钦差大臣"住下之后，并没有传达皇上的任何命令，只是以钦
差大臣的派头，每日里饮酒作乐，要鱼要肉，招待稍微不周就吹胡子瞪眼睛。
还整天出入于汴州城内外，有时骑马射猎，肆意奔驰在老百姓的农田里，糟

蹋了无数的禾苗；有时又去乡下的居民家里搜寻宝物，见到比较珍贵的东西就强行抢走，破坏了人们安宁的生活。

百姓们怨声载道："这些人到底要干什么？"

"我们的刺史怎么不阻止他们？"

原来，这伙人是唐玄宗派出来采集奇花异草、珍禽异兽的。

倪若水对这些人的行为虽然非常不满，却又不能赶走他们，可也不能让他们再待在这里骚扰老百姓，破坏社会安宁，怎么办呢？

一天，倪若水早早地来到他们的住处，向钦差大人们请安。

"大人，不知您为宫廷采集到了什么珍奇宝物？"寒暄过后，倪若水问领头的太监。

"我们这次主要是奉皇上的命令，到江南去找紫鸳鸯的，路过你们汴州，这里很好啊！"太监傲气十足地说。

"据我所知，我们汴州地区根本就没有紫鸳鸯，大人可别误了皇差呀。"倪若水乘机说道。太监听了倪若水的话，明白了他的言外之意：汴州没有紫鸳鸯，你们这些人该走了。

太监一向深得皇上的宠爱，从来不把其他小官吏放在眼里，他带着威胁的口吻说："倪刺史，你听着，我们是为皇上办事的，在路上必须吃好住好。如果谁敢对我们不好，我们回去告诉皇上，那他肯定没有好下场的。"

倪若水听到这个家伙仗着是皇上派出的人居然如此蛮横，非常气愤："如果你们为了寻找紫鸳鸯，就不顾老百姓的喜怒好恶，岂不是贱人贵鸟吗？就不怕失去民心吗？"

太监阴阳怪气地说道："我们贱人贵鸟，你又能把我们怎么样？民心？民心算什么？"

倪若水知道和这些不可一世的家伙是无法论出是非的，于是他给皇上写了一份奏折，汇报那些为皇上采集珍物的人，仗着皇上的权势沿途要求地方官以好酒好肉侍候。他们贱人贵鸟，骚扰百姓，不守法纪，借为皇上收集珍物的名义，对老百姓敲诈勒索。他劝皇上要贵人贱鸟，以免激起老百姓的不满，降低皇上的威信，危及大唐江山。

　　唐玄宗看了倪若水的奏折，知道了派出去的人的行为非常生气，立刻传下圣旨，取消采集珍奇异物的活动，并处罚了那些横行霸道、仗势欺人的太监。

　　唐玄宗非常赏识倪若水的才学和胆略，很快便把他调到京城，负责地方的民政事宜。

◎故事感悟

　　倪若水以民为重，重视民心、民情，贵人贱鸟，成为时人称颂的父母官。

◎史海撷英

唐玄宗抑制佛教

　　佛教在唐朝初年虽然没有被查禁，但发展受到了儒教和道教的限制，特别是对道教的提倡，使得佛教的发展没有取得至尊的地位。但是到了武则天时期，为了从宗教上来打击李姓，武则天对佛教采取了宽容的态度，这使得佛教发展迅速。在全国的各个州基本都有佛教寺院，僧侣们不仅在国家的包庇纵容下兼并土地，还极力逃避国家税收。和尚数目的大量增加，使国家承担赋税和徭役的人数减少，影响了国家的收入。

　　在开元二年（714年），唐玄宗下令削减全国的僧人和尼姑数量，最后使全国还俗的僧尼达到1.2万人之多。然后，玄宗又下令，禁止再造新的寺庙，禁止铸造佛像，禁止传抄佛经，对于官员和僧尼的交往也进行禁止，这使佛教在玄宗时期受到了很大的打击。

田仁会暴日求雨

◎天下顺治在民富，天下和静在民乐，天下兴行在民
趋于正。——王廷相《慎言·御民篇》

> 田仁会（601—679年），唐初著名良吏。雍州长安（今西安市）人。唐高祖武德初年，应制举授左卫兵曹。贞观后期为左武侯中郎将。他为武将，荣立战功，担任地方行政官员，体恤民情，多有政绩，一生廉洁奉公，是受人民爱戴的良吏。

故事发生在唐朝时期的郢州地区。

这一天清晨，天刚蒙蒙亮，一向清静的刺史府门前人山人海，人们扶老携幼从不同的地方赶到这里。

当太阳刚刚露出笑脸时，刺史府门打开了，从里面走出郢州刺史田仁会。人们欢呼起来，田仁会于是带领人们向社庙走去。

百姓们默默地跟着田仁会来到了社庙，看着和蔼可亲的好父母官，百姓们的眼泪禁不住流了下来。

原来，郢州地区发生了罕见的大旱灾，无情的太阳火辣辣地烧烤着大地，大地整天都像着了火似的，热得烫人，农民种的庄稼眼看着一天天地蔫缩，快要枯死了。农民的心里非常痛苦，他们多么渴望下一场大雨啊！

而当时的郢州刺史田仁会，比百姓心中还着急。田仁会为政仁和，爱民如子。像这样持久地干旱，老百姓可怎么办呢？田仁会的心一天比一天沉重。

一天，他召集随从商议对策，他焦虑地说："像这样一直干旱下去，庄稼都快枯死了，大家有什么好办法吗？"

"地面的河流早就晒干了，根本就没有水源，除非天能下雨。"随从们说。

"我们不能等着天下雨，如果天再不下雨，庄稼不彻底完了吗？"田仁会说。

一位老者说："听说有一种求雨办法，要求求雨的人光着膀子在烈日下暴晒，一直晒三天，上天就会降雨。"

田仁会说："好吧，那我明天就到社庙去求雨。"

随从们一听说刺史大人要亲自求雨，都纷纷劝阻。田仁会说："为了老百姓的利益，我干什么都可以。只要能下雨，我就是豁出性命，被太阳晒死了也值得。"

于是，田仁会第二天一大早就起来求雨，出现了前面的场面。

田仁会光着膀子，毒辣辣的太阳毫不留情地炙烤着他，烫着他的皮肤，烧着他的肉。田仁会强忍着剧烈的疼痛，毫不动摇地坚持着自己的意念：只要天会下雨，就是我死了也值得。

田仁会还不停地祈祷："上天啊！为了可怜的百姓下雨吧，只要下雨，我宁愿让太阳晒死啊！"

老百姓看到他们的刺史大人在烈日的暴晒下已昏死过去了好几次，但仍跪在地上忍受着巨大的痛苦煎熬，他们忍不住了，也一齐脱光了上身，愿和刺史一起忍受日晒，求老天下雨。

成千上万的人去忍受着烈日暴晒的痛苦，残酷的太阳也不忍心了，人们的诚心终于感动了上苍，在第一天的下午，天就下起了大雨。

久旱逢甘雨，人们欢呼雀跃。地里的庄稼在一场大雨之后也都恢复了旺盛的生命力，长势喜人。这一年农民的庄稼获得了大丰收。

百姓们永远也忘不了他们的好父母官，他们的好刺史大人田仁会。他们逢人便讲："是上天赐给我们这样一位父母官啊！"

"只要田刺史在，我们老百姓一辈子也不会贫穷啊！"

田仁会受到了人们的衷心爱戴。

田仁会看到有的百姓家里很穷，就把自己的俸禄拿出来，周济穷人，自己则生活节俭，丝毫不浪费。在田仁会的治理下，整个鄞州地区秩序良好，人民安居乐业，生活富足。

◎故事感悟

田仁会舍身为民求雨,一时成为千古美谈。田仁会做官,时时刻刻都在想着百姓,为了百姓的利益,他什么都不在乎。

◎史海撷英

田仁会战薛延陀

贞观十九年(645年),唐太宗李世民统兵东征高丽(在今朝鲜半岛)。这时,居于大漠以北的突厥薛延陀部酋长夷男死亡,其子拔灼杀兄自立,乘唐军东征之机,发数万骑兵向黄河以南侵扰。太宗闻报,诏令大将执失思力(一说为李勣)与田仁会领兵迎击。田仁会奉令,先率一些老弱残兵接战,伴装败退,诱薛延陀深入夏州(今内蒙古与陕西毗邻的地带)境内,然后出其不意,发精兵突然进攻,将薛延陀打败。这一战摧毁了薛延陀部主力,为唐廷解除后顾之忧。战后,田仁会受到太宗玺书的慰劳和褒奖。

◎文苑拾萃

咏饮马

(唐)李世民

骏骨饮长泾,奔流洒络缨。

细纹连喷聚,乱荇绕蹄萦。

水光鞍上侧,马影溜中横。

翻似天池里,腾波龙种生。

推重良心为民治水

◎民安土重迁，不可卒变，易以顺行，难以逆
动。——《三国志·魏书·袁涣传》

薛大鼎（？—654年），字重臣。唐蒲州汾阴（治今山西万荣县西南）人。他一生的政治活动主要在初唐时期。薛大鼎父薛粹，为隋朝介州（今山西介休、平遥）长史，隋炀帝篡位之后，因参与汉王杨谅的反叛，被处死。薛粹家人也多牵连被杀，薛大鼎以年幼免死，没为官奴，流放辰州（今湖南沅陵）。

贞观后期，薛大鼎任沧州刺史。

当时，沧州地区经济恢复得比较缓慢，人民生活比较贫困。薛大鼎从实际出发，决定从修渠治水入手，其中著名的是对无棣渠的治理。无棣渠贯穿沧州全境，由于渠道废塞日久，开掘出来极为不易，他首先上奏朝廷，得到朝廷的准许后，立即召集民工，动手浚治。

经过薛大鼎和当地人民的共同努力，没用多长时间，无棣渠便修通了。无棣渠的修通，使大面积的田地得到灌溉，东海的海盐之利得以转输到沧州境内，大大便利了沧州地区的交通，促进了沧州地区经济的繁荣和发展，改善了当地人民的生活。

面对沧州地区因无棣渠修通而展现出的新面貌，人民欣喜地唱道："新河的通舟楫利，直达沧海鱼盐至。昔日徒行今骋驷，美哉薛公德谤被。"

在此之后，薛大鼎又组织当地人民掘通了漳、衡及长芦等河。漳河分为浊漳与清漳二水，浊漳的下流为衡水。据《水经注》记载："漳衡下游，其地

多漳泽津渚。水所钟处，尽为泽薮；或水不流，积成渊潭。渠道乱流，尤其为甚。"

薛大鼎疏通长芦、漳、衡以后，"泄汗潦，水不为害。"

◎故事感悟

只有从爱民的角度出发，才能为官一任，造福一方。"常怀一点儿爱民之心，时时刻刻皆此念充满于中，自然事事为百姓算计，有一民不被其泽，便如己溺己饥，安得无不忍人之政？"（《朱舜水集·问答三》）。相反，如果为官者缺乏爱民之心，只知谋一己之私，则不但会祸害百姓，残民以逞，还会动摇政治统治的基础。

◎史海撷英

薛大鼎献策

薛大鼎于隋朝末年还归故乡，当时留守太原的唐国公李渊于大业十三年（617年）从太原起兵，之后巡汾河南下。薛大鼎在龙门投归李渊，并向李渊献计：西渡龙门，取占隋朝著名的永丰粮仓（在渭水入黄河处），然后布告天下，据关中财物扩充军队，对隋朝首都长安（今陕西西安）形成俯背扼喉之势，取而有之。这一计谋虽深得李渊的赏识，但因李渊部下多数将领主张先攻取河东（今山西永济）而未被采钠。从后来形势的发展看，薛大鼎当初建议确为良策。薛大鼎归附李渊后，被授予大将军府察非掾。

冒死阻猎好司马

◎可怀以德，难屈以力。——《三国志·魏书·三少帝纪》

潘好礼（生卒年不详），河北省邢台市广宗县侯寨人。明经出身，累迁至上蔡令，因政绩最优，升任监察御史。唐玄宗开元初年（713年），邠王为滑州刺史，潘好礼任王府司马，常知州政事。每逢王出游时，潘好礼必会恳切提醒其注意事项。

　　这一年，滑州的春天来得特别早。小草从土里钻出来，尽情地沐浴在温暖的阳光里；树叶儿在春风的吹拂下渐渐长大，泛出浓浓的绿意；农田里的小麦也在春风的呼唤中，尽情地生长着，展示着生命的风采。地里到处可见辛勤劳动的农民，他们正在耕地、播种。滑州地区洋溢在一片风和日丽、喜气洋洋的气氛中。

　　突然，田间大道上尘土飞扬，狗叫马嘶。

　　原来，大唐滑州刺史突发奇想，想在这时出来打猎。他带着一大队随从，骑着马，牵着狗，放着猎鹰，浩浩荡荡地出了刺史府，顺着田间大道放马狂奔，追逐猎物。在他们身后，卷起漫天尘土和被践踏的不计其数的禾苗。

　　农民一看到自己辛辛苦苦耕种的麦苗被践踏，都非常伤心。他们一齐跪在刺史的马队前苦苦哀求："大人啊，求求您回去吧，千万不能这样打猎啊！"

　　"快闪开，今天老爷特别高兴，才出来打一会儿猎，你们敢无理取闹，小心你们的脑袋！"几个如狼似虎的随从狗仗人势地吵骂着。

　　"大人，我们种庄稼不容易啊！好不容易禾苗长高了一些，可惜让大人的人马给踩死了。求大人可怜可怜我们吧！"

"少废话，老爷踩死你几颗禾苗算什么？快快闪开道，老爷没空儿和你们胡扯。"随从开始拉扯、踢打跪地的百姓。

农民们仍然跪在那里不肯动，声泪俱下地恳求着，一个个头磕在地上。

刺史火了，大声命令随从："给我冲过去，挡道的格杀勿论！"

随从们听了刺史的话，一个个拔出刀，准备砍杀匍匐在地的农民。

正在紧要关头，忽听有人大喊："住手！"

人们顺着声音望去，见有一匹马飞驰而来。走到近前，人们看清了骑在马上的是滑州司马潘好礼。

潘好礼来到刺史的马队前，翻身下马，对刺史说："请大人息怒，刚才农民们说得有理，还望大人三思而后行。"

刺史一看潘好礼来了，心里很生气。原来他好几次想出来打猎，都被潘好礼阻止了，今天好不容易出来，潘好礼却又跟了出来劝阻。刺史虽知道自己理屈，却强词夺理地辩解："今天天气很好，我一时来了兴致，所以就出来打一会儿猎，这难道不行吗？"

潘好礼说："在这个时候打猎确实不合时宜，农民的庄稼刚刚长出来，人马一践踏就都死了。大人看看你的马队走过的路，践踏了多少庄稼呀！"

刺史说："我身为刺史，踏死几棵庄稼算什么？你快快给我闪开，不然连你一块儿治罪。"

潘好礼见刺史毫不讲理，便卧倒在刺史马前，对刺史说："大人如果一定要过去打猎，那么先从我身上踏过去吧，与百姓们无关，让他们走吧！"

刺史一看潘好礼卧在马前，吓了一跳，但仍色厉内荏地大吼道："难道你不怕死吗？"

潘好礼说："我这样做是为了滑州的百姓，死有什么可怕呢？"

刺史终于害怕了，他没有料到潘好礼为了百姓甘愿送死，他怕众怒难犯，最后只好灰溜溜地回府了。

百姓们都交口称赞潘好礼的大恩大德。

◎故事感悟

潘好礼不畏权贵，为了百姓的利益，舍生抗权，被后人称为仁义的好司马。

◎史海撷英

潘好礼任豫州刺史

潘好礼任豫州刺史时，清廉勤奋无所私，喜察细事。其子请求去考明经，潘好礼道："经典不通不可贸然应考。"于是亲自考他，结果不能通晓，怒而笞之，带上桎梏，站在门外惩罚。后以公事连累，改任温州别驾，死于任上。

◎文苑拾萃

潘好礼

（宋）徐钧

废王立武覆车同，抗疏精忠幸见从。

若使荒淫终复谏，玄宗又是一高宗。

范仲淹心怀良知重百姓

◎宽则得众，信则人任焉。——苏辙《新论下》

范仲淹（989—1052年），字希文。苏州吴县（今属江苏）人。唐宰相履冰之后，北宋著名的政治家、思想家、军事家和文学家。祖籍邠州（今陕西省彬县），后迁居苏州吴县（今江苏省吴县）。他为政清廉，体恤民情，刚直不阿，力主改革，屡遭奸佞诬谤，数度被贬。1052年（皇佐四年）五月二十日病逝于徐州，终年64岁。是年十二月葬于河南洛阳东南万安山，谥文正，封楚国公、魏国公。有《范文正公集》传世，通行有《四部丛刊》影明本，附《年谱》及《言行拾遗事录》等。

"先天下之忧而忧，后天下之乐而乐。"《岳阳楼记》里这掷地有声的名言，是范仲淹一生最好的写照。

范仲淹2岁失去了父亲，随母亲改嫁到一户姓朱的人家。后来，他知道了自己的家世，便辞别母亲，发愤读书。冬天，学习困倦了，就用冷水浇头；吃不饱饭，也曾喝粥度日。26岁时考中进士，才把母亲接来赡养，自己也才恢复了姓范，改名为仲淹。

苦学成才的范仲淹十分重视人才的培养。他受晏殊推举，担任秘阁校理，许多学生来向他请教，他诲人不倦，耐心讲解，各地慕名前来学习的人都住在他家。他把为数不多的俸禄献出来供养四方学者，以致自己的几个儿子都没有像样的衣服，一件衣服轮换着穿才敢出门去。

范仲淹心里装着天下百姓。有一年，江淮地区和黄河中游发了生严重的旱灾，接着蝗虫蔽日，赤地千里。范仲淹当时任右司谏，建议皇上派官员下去赈救灾民。报告打上去好几天，也不见批复。范仲淹面见宋仁宗说："皇宫里如果半天不吃饭，该是怎样的一番图景？"宋仁宗这才意识到救灾的紧迫性，派范仲淹安抚江淮一带。他到了灾区，马上打开官仓，将粮食分发给饥民，减免了当地的一些苛捐杂税，使灾民能度过灾荒。回到汴京，范仲淹把灾区饥民充饥用的几把野菜呈送给皇帝、后妃、贵戚看，以便让他们也能体恤民情。

不久，范仲淹任苏州知府。太湖发生水灾，农民无法耕田。范仲淹又率众人疏浚河流，引导太湖水注入东海。

范仲淹仕途并不顺利。当时吕夷简当宰相，范仲淹对他任用亲信的做法表示不满，后来又在建都问题上发生争论。吕夷简指责范仲淹拉山头，搞"朋党"。范仲淹据理力争，被贬到饶州（今属江西省），远离京城。

几度沉浮，范仲淹以天下为己任的初衷不改。在他被贬谪饶州、润州（今属江苏省）、越州（今属浙江省）时，"处江湖之远，则忧其君"，西北边境发生的李元昊叛乱，又把范仲淹引向黄土高原。范仲淹被任命为陕西都转运使，他到了延州，一面强化防御设施，训练军队，一面注意团结当地的羌族和汉族民众，允许边民进行集市贸易，互通有无。同时，屯兵营田，解决一部分军粮，减轻民众负担。不久，陕北一带的羌汉之民渐渐安定下来，生产迅速恢复，李元昊叛乱失去了民众支持，势力渐衰。这时李元昊释放了一员宋朝将领高延德，表示愿与范仲淹进行和谈。范仲淹写了一封信开导元昊归顺朝廷。但不久，李元昊又打了一个胜仗，给范仲淹写信语多不逊。范仲淹当着来使的面烧了李元昊的信。这件事，又被那些专挑毛病的大臣抓住了把柄，范仲淹又被降为本曹员外郎，派到庆州（今属甘肃省），做缘边招讨使。

环州（今属甘肃）、庆州一带住着很多羌族。李元昊叛乱时，羌族酋长600多人曾答应给元昊当内应，做向导。现在范仲淹来到这里，他们非常害怕，一时形势很紧张。范仲淹给羌族酋长写了一封辞情恳切的信，又派人送去许多慰问品，并亲自到羌族聚居地区去，检阅人马，和酋长们订立条约，规定：叛军入侵羌寨时，羌族老幼由宋朝官军保护，供给饮食；羌族人马接受官军调遣，违令者追究酋长责任。从此，羌族一直接受宋朝号令，不再反叛。

范仲淹后来被任命为参知政事，相当于副宰相。他向宋仁宗提出十项建议，都被采纳了。但实行起来却困难重重，改革弊政的措施未能取得实效，自己却身患重病，不幸去世。他死后，羌族酋长好几百人去哭丧，斋戒三天以后才离去。

◎故事感悟

为大多数人的利益着想，为大多数人的利益办事，身处逆境而不改初衷，范仲淹忠心为民的品德令人敬佩。

◎史海撷英

范仲淹罢宴

范仲淹治理邠州时，闲暇的时候带领部属登上城楼准备酒宴。还没有举起酒杯，就看见几个穿着丧服的人正在筹办装殓之物。他急迫地派人去询问，得知是寄居在外的读书人死在了邠州，将要埋葬在近郊，下葬时入殓的衣服、下葬的物品都没有备齐。

范仲淹露出失意的样子，立即撤掉了酒席，给予了他们重金救济，让他们能完成装殓这件事。在座的客人因此而感叹，甚至有的人感动得流下了眼泪。

小县令大作为

◎天下之治乱，不在一姓之兴亡，而在万民之忧乐。——黄宗羲

　　唐文宗李昂（809—840年），唐朝的第十四代皇帝，827—840年在位。执政期间，政治黑暗，官员和宦竖争斗不断，是唐朝社会走向没落的转型时期。唐文宗本人也形同傀儡，最后抑郁而死。

　　唐朝文宗年间，有一位为人正直，一心为百姓谋福，不畏强权，时刻把百姓的利益放在首位的县令，他就是当时益昌县的县令何易于。

　　何易于关心民众疾苦，体察民情。他不仅仅是这么想的，也的确是这样做的，而且还很坚决。焚诏抗税，就是他的杰作。

　　益昌（今四川广元县境内）地处山区，属于丘陵地带，在那种完全靠天吃饭的年代，土地的好坏，直接影响着当地经济的发展。庄稼收成不好，可愁坏了当地的百姓，他们只有依山种茶，勉强糊口，维持生计。生活的窘困压得人们喘不过气来，而百姓又能有什么办法呢？他们只有忍受，而这一切都装在何易于的心里，他默默地想着……

　　身为县令的何易于有些苦恼，他觉得自己为官一任，本该为百姓谋福，可他却不知如何是好，就在这时，唐文宗下了一道诏书。

　　唐文宗的诏书其实目的十分明确，就是要加大对地方税收的管理力度，整顿各项专卖制度，解决朝廷财政的不足。

其实，说到这些何易于都不恼，最让他恼火的是诏书中说，要向全国各地征收茶税，并明令地方官不得为百姓隐瞒茶叶收入。生活如此窘困的茶农，突然间又要加收茶税，这无疑是雪上加霜。

何易于手中接过刚刚宣读过的诏书，心情十分沉重，躲在昏暗的灯光下独自发呆。他清楚地知道，一旦征收茶税，益昌百姓将断绝仅有的收入来源，本来惨淡的生活对种茶的百姓而言，更是雪上加霜，生活的光亮变得越来越暗。

想到这里，何易于叹了口气，推开房门，走进厅堂，向传旨的官员陈述当地百姓的疾苦，并要求传旨的官吏能够撕毁这害民的诏书。但传旨官员苦于畏惧诏命，出于无奈，誓不肯从。

传旨的官员对何易于说："诏书中写得清清楚楚，地方官员不得替百姓隐匿实情。你胆子不小，不但隐瞒实情，还要撕毁诏书，这不是罪加一等吗？"

传旨的官员本就是宣读旨意，照章办事，皇命难违，但眼前的这位官员也很敬业，不但传旨，还大有训斥何易于的架势，接着说道："我要是真听了你的话，就是死路一条，你也好不了，也会被免官放逐。"

何易于根本听不进去对方的话，回答道："我是一县之令，岂能只顾爱惜自己的性命，而使全县黎民百姓受苦呢！若你不肯撕，我亲自动手。"随即把诏书点燃了。

传旨的官员没有因为何易于的举动而找他的别扭，而是如实地将这件事情向负责征收茶税的观察使做了汇报。观察使为何易于的举动所感动，不但没有追究他的过错，反而免除了当地茶税。

◎故事感悟

何易于会有这样的举动，原因何在？那就是他身后有无数的百姓，是他们给了他足够的勇气与力量，是他们让这一个小小的县令作出了焚诏书抗税的事情来。体恤百姓，济困扶危，何易于堪称楷模。

◎史海撷英

何易于以民为重

何易于当上益昌县令不久，利州刺史崔朴带着一群宾客、侍从泛舟春游，顺嘉陵江而下。从利州到益昌约有40里水路，一般情况下，需要纤夫拉纤而行。刺史崔朴是何易于的顶头上司，到了益昌境内，自然要通告何易于派人拉纤，可是，崔仆一看来拉纤的人不是纤夫，也不是老百姓，而是县令何易于。何易于一身农民打扮，办公用的笏版就插到腰带上。没容崔朴质疑，何易于已把纤绳搭到肩上，拉动了船。崔朴忙喊停船，问："何易于，你身为一县之长，为何亲自当纤夫，难道连一个百姓也喊不到吗？"何易于正正经经地回话，说："眼下，正是春耕大忙的季节，全县百姓非耕即蚕，哪有一个闲人啊！为了不违农时，也为了不误大人的游程，只好由我这个闲人充当纤夫啦。"崔朴听了此话，顿时羞愧满面，连忙呼叫宾客、随从下船，骑马回程了。

◎文苑拾萃

宫中题

（唐）李昂

辇路生秋草，上林花满枝。

凭高何限意，无复侍臣知。

苏轼怀良知与民奋战

◎水有源，故其流不穷；木有根，故其生不穷。——胡宏

苏轼（1037—1101年），字子瞻，又字和仲，号"东坡居士"，世人称其为"苏东坡"。眉州（今四川眉山，北宋时为眉山城）人，祖籍栾城。北宋著名文学家、书画家、词人、诗人、美食家，唐宋八大家之一，豪放派词人代表。其诗、词、赋、散文，均成就极高，且善书法和绘画，是中国文学艺术史上罕见的全才，也是中国数千年历史上被公认为文学艺术造诣最杰出的大家之一。其散文与欧阳修并称欧苏；诗与黄庭坚并称苏黄；词与辛弃疾并称苏辛；书法名列"苏、黄、米、蔡"北宋四大书法家之一；其画则开创了湖州画派。

宋朝时期，苏轼迁官徐州（今江苏徐州）做知州。不久，黄河从曹村决口，泛滥于梁山泊（今山东梁山），水满流入南清河，汇合于城下，水大无法排泄，城有被淹没的危险，有钱的财主争相出去避灾。

苏轼说："财主出去避灾，民心都动摇了，我与谁守城？有我在，决不能让大水淹城。"我要让他们重新回到城里。

苏轼又去武卫营，招呼卒长说："河水就要淹没全城，事态严重，你们虽是禁军，暂且为我出一把力吧。"卒长说："太守尚且不顾道路有水，我辈小人，应当听命效力。"

于是，苏轼率领众人拿着畚锸出发，加筑东南长堤，从戏马台筑起，一直到城墙为止。大雨日夜不停，河水上涨至离城墙只有三板。苏轼日夜在城墙上巡守，经过家门也不进去，并让官吏分别守住城墙，终于保全了徐州城。

　　苏轼不久到了杭州（今浙江杭州），天大旱，饥荒瘟疫交加，苏轼请求朝廷免去本路上供米三分之一，又得到朝廷赐予的度僧牒，用以换米救济饥民。

　　第二年春，又减价卖常平米，用做厚粥、药剂，并派遣官吏和医生分别去里巷治病，救活了很多人。

　　苏轼说："杭州，是水陆汇合的地方，瘟疫和死亡比其他处多。"就筹募了2000缗，又拿出自己积蓄的黄金50两，设立病坊，还筹备了一部分钱粮，准备救济贫病交迫的民众。

　　杭州原本靠近大海，泉水成苦，居民稀少。

　　唐代刺史李泌开始引西湖水挖六井，满足民用水。白居易疏通西湖引水漕河，自漕河引水入田，灌溉田地千顷，使民得以殷实富有。湖中多有草根盘结，从唐代到钱氏（十国时期，吴越武肃王钱镠），就年年疏通治理，但宋代建立后，逐渐荒废，葑田积多几乎成田地，水也寥寥无几。漕河失修，只能利用钱塘江潮水使船行于市中，湖水一多便淤塞，三年一次挖淘，是民众很大的灾难，六井也几乎废掉。

　　苏轼见茅山一河专接受江潮，盐桥一河专接受西湖水，就疏通两河引水入漕河，又修闸门，控制湖水的储蓄和排泄，使江潮不再入市。同时又用余力修好恢复了六井，又取葑土堆积于湖中，南北通长30里，修成长堤以通行人。吴人在湖中还种菱角，从此水草不再丛生。其收入获利作为开发西湖的费用，还筹集救荒余钱一万缗，粮食一万石，又得到100名僧人的度牒以招募劳役。修堤完成后，堤上种植芙蓉、杨柳，望去如图画，杭州人把这一长堤叫作苏公堤。

　　颍州（今安徽阜阳）郡有长期为盗贼的尹遇等人，屡次抢劫杀人，并且杀了捕捉盗贼的官兵。朝廷指名捕捉毫无结果，被杀的人家怕重受其害，隐瞒而不敢告发。苏轼召见汝阴（今安徽阜阳）县掌管军事和刑狱的官吏李直方说："你能捕捉了这些盗贼，我一定尽力向朝廷奏明，请求给予你优厚的赏赐；如果抓不到，同样以不称职为由奏请朝廷把你免职。"直方有老母，他向母亲告别后即离去，投入到捕捉盗贼的行动中。于是先了解搜捕了已知的盗贼居处，又分批捕获了其同伙，亲手用戟刺中尹遇，并捕获了他。

定州（今河北定县）军中政事败坏松懈。众卫兵骄横、懒惰、缺乏教养，军官逐渐侵吞士兵的廪粮，前任太守哪个也奈何不得，苏轼上任后，把贪污者流放到远方的恶地，修缮营房，禁止饮酒赌博，军中衣食逐渐满足后，就教习作战方法，众人都畏惧信服。然而诸军官却畏惧不安，有卒史拿赃物控告长官，苏轼说："这件事我自己处理就可以，按你的告发去做，军中就乱了。"苏轼立刻把他发配充军，众人这才安定下来。

苏轼和弟弟苏辙，以父亲苏洵为师学做文章，以后又得志于天然。苏轼曾经说过："写文章如同行云流水，并无固定格式，只是常流动运行于所当行，停止于不可不停的地方罢了。"虽是嬉笑怒骂之辞，写出之后都是朗朗上口的好文章。其体裁广大深远，光芒四射，其杰作百代效法，自从有文章以来，是非常少有的。

苏洵晚年读《易》，作《易传》未完，吩咐苏轼续其书。苏轼完成了《易传》，又作《论语说》；后日居住海南，作《书传》；又有《苏东坡集》40卷、《后集》20卷、《奏议》15卷、《内制》10卷、《外制》3卷以及《和陶诗》4卷。

◎故事感悟

苏轼是封建官吏和文人，但他对人民却是相当关怀和热爱。他具有"民本"思想，深知本固方能邦宁，一生始终坚持仁政爱民的治世理念，以爱民、重民、护民为使命。这种认识，可以说是他爱民的根本出发点。

◎史海撷英

晶饭与毳饭

苏轼复官后，曾跟刘贡父乱侃："我在牢里时，每天吃的是三白饭，照样很香甜，世间美味不过如此！"刘贡父奇问什么叫三白饭，苏轼答道："一撮盐，一碟生萝卜，一碗米饭，这就是'三白'。"此事说过苏轼也就忘了。一日接到刘贡父请帖，邀苏轼去他家吃晶饭，苏轼欣然应约。但等苏轼到了地方发现桌上只有盐、萝卜、米饭，这才恍然大悟，知道这被刘贡父戏弄了。又过了几天，刘贡父也接到苏轼请帖，邀他去吃皛饭。刘贡父知道苏轼要报复，但又好奇，又想知道这皛饭到底是什么，最终还是去了。苏轼陪着刘贡父从早上聊到晚上，把刘贡父饿得前胸贴后背。实在忍不住催问皛饭呢？苏轼慢吞吞地答："盐也毛（"没有"的意思），萝卜也毛，饭也毛，岂不是'毳'饭？其实你一直在享用着啊。"刘贡父惊愕之后，两人同时大笑。

◎文苑拾萃

永遇乐

（宋）苏轼

明月如霜，好风如水，清景无限。
曲港跳鱼，圆荷泻露，寂寞无人见。
紞如三鼓，铿然一叶，黯黯梦云惊断。
夜茫茫，重寻无处，觉来小园行遍。
天涯倦客，山中归路，望断故园心眼。
燕子楼空，佳人何在？空锁楼中燕。
古今如梦，何曾梦觉，但有旧欢新怨。
异时对，黄楼夜景，为余浩叹。

心怀良知，为民造福

◎足寒伤心，民寒伤国。——荀悦

> 赵尚宽（995—1062年），宋河南府（今洛阳市）人。字济之。仁宗时知平阳县，邻县有大囚夜逃，尚宽捕获，迁知忠州。有政绩。知唐州，疏三陂一渠，灌田万余顷。包拯上其事迹，仁宗下诏表彰。王安石、苏轼均有赞诗。官至司农卿。

　　唐州一直是土壤肥沃的富庶之地，但历经五代战乱，农田废弃不耕，土地荒芜，民众稀少，田赋还不够供给差事的费用。参与议论的人都想把唐州改成县。

　　赵尚宽说："土地荒废可以逐步屯垦开辟，民众稀少可以陆续招徕，有什么理由要废郡呢？"他察看了图册和有关书籍，找到汉代召信臣建池塘、水渠的故迹，进而发动兵士重新疏浚三个池塘和一个水渠，灌溉农田一万余顷。他又让民众自己修分渠数十个，转相灌溉。这样从四面八方来的人就变得越来越多。

　　赵尚宽又请人把荒田按人口分配，甚至从州里拿出钱贷给民众去买耕牛。等到三年之后，草木丛生的荒田重新变成了肥沃的土地，人口增加多达万余户。

　　赵尚宽对农政勤劳不懈，治理唐州成绩卓然，三司使包拯与官署的官员把他的事迹上报给皇帝。宋仁宗知道后很高兴，下诏嘉奖，多次对他加俸赐金。

赵尚宽在唐州共五年，民众在祠堂悬挂他的画像，而且王安石、苏轼还作诗作《新田》、《新渠》来赞美歌、颂他。

◎故事感悟

赵尚宽本着以民为本的思想，勤于农政，为民造福，实在是难能可贵。要想真正以民为本，就当以百姓之苦乐为苦乐，以百姓之是非为是非。这种标准，作为政治道德与行政良知的追求目标，显然有着十分重要的思想意义。

◎文苑拾萃

新田诗

（宋）王安石

离离新田，其下流水。

孰知其初，灌莽千里。

其南背江，其北逾淮。

父抱子扶，十百其来。

其来仆仆，馒我新屋。

赵侯劬之，作者不饥。

岁仍大熟，饱及鸡鹜。

俶船与车，四鄙出谷。

今游者处，昔止者流。

维昔牧我，不如今侯。

侯来适野，不有观者。

税于水滨，问我鳏寡。

侯其归矣，三岁于兹。

谁能止侯，我往求之。

锐于求志，厚于得民

◎天下是天下人之天下。——张端义

> 周敦颐（1017—1073年），字茂叔，号濂溪。宋营道楼田堡（今湖南道县）人。北宋著名哲学家，是学术界公认的理学派开山鼻祖。"两汉而下，儒学几至大坏。千有余载，至宋中叶，周敦颐出于舂陵，乃得圣贤不传之学，作《太极图说》《通书》，推明阴阳五行之理，明于天而性于人者，了若指掌。"《宋史·道学传》将周子创立理学学派提高到了极高的地位。

宋朝时期，有一桩案件很长时间未能解决，周敦颐上任后，一审问就马上搞清楚了。乡里人的都惊奇地说："就是老吏也比不上呀！"

刑部的使者向朝廷推荐周敦颐，后来他就被调到南安军任司理参军。

有一囚犯依法不该判处死刑，转运使王逵却想治囚犯于死地。王逵是一个残酷无情、凶狠蛮横的官吏，人们都不敢和他相争，唯独周敦颐与他争辩论。王逵不听，周敦颐就交出笏板，准备弃官而去，他说："像这样还能够做官吗？用杀人来媚取别人，我决不干。"

王逵有所觉悟，囚犯才免得一死。

后来，由赵忭及吕公著推荐，周敦颐做了广东转运判官，提点刑狱，他以昭雪冤案恩泽众人为己任。

周敦颐巡视部属、考察刑政不辞劳苦，虽然瘴疠疾病流行，地处险远，也照常巡视审查。后因病请求出任南康军太守。

◎故事感悟

周敦颐人品高尚，胸怀洒落，就像天朗气清时的和风，雨过天晴后的明月。不苟取虚名而锐意追求志向，轻视求取富贵而重在得取民心，薄于自身的供给而款待孤单无靠的人，鄙视迎合顺从世俗而崇尚志同道合的永存。

◎史海撷英

周敦颐开创理学新局面

周敦颐是我国理学的开山祖，他的理学思想在中国哲学史上起到了承前启后的作用。清代学者黄宗羲在他的《宋儒学案》中说道："孔子而后，汉儒止有传经之学，性道微言之绝久矣。元公崛起，二程嗣之……若论阐发心性义理之精微，端数元公之破暗也。"他继承《易传》和部分道家以及道教思想，提出一个简单而有系统的宇宙构成论，说"无极而太极"，"太极"一动一静，产生阴阳万物。"万物生而变化无穷焉，惟人也得其秀而最灵（《太极图说》）。"圣人又模仿"太极"建立"人极"。"人极"即"诚"，"诚"是"纯粹至善"的"五常之木，百行之源也，是道德的最高境界"。只有通过主静、无欲，才能达到这一境界，在以后700多年的学术上产生了广泛的影响。他所提出的哲学范畴，如无极、太极、阴阳、五行、动静、性命、善恶等，成为后世理学研究的课题。

◎文苑拾萃

按部至春州

（宋）周敦颐

按部广东经数郡，若言岚瘴更无春。
度山烟锁埋清昼，为国天终护吉人。
万里诏音频降下，一方恩惠尽均匀。
丈夫才略逢时展，仓廪皆无亟富民。

李信圭请免杂徭

◎从来治国者，宁不忘渔樵。——谢榛

> 李信圭（生卒年不详），字君信。泰和（今江西泰和）人。明仁宗洪熙时举贤良，授官清河知县。当时的清河县地处黄、运、淮交会之处。"县瘠而冲"，是南北漕运要道，"官艘日相衔，役夫动以千计"。当时，这种地方，很多人都不愿前往为官。而李信圭却欣然奉命。从永乐二年到洪熙元年，前后22年任清河县知县，他将毕生精力都献给了清河县的人民。

李信圭从明朝洪熙年起任清河知县。清河县境内土地贫瘠，又处于交通要冲，由于运河流经这里，官家船只整天接连不断，本县要派役夫帮助挽船，经常出动上千人。

前任县令曾从江苏沭阳请了500名民工来清河担任役夫，但这些民工离家太远，衣食都有困难。李信圭想出了个新办法，让沭阳的民工不必来此助役，只要替清河县代交浮征银三分之二即可，这样两个县都感到方便。

清河县农民负担仍然太重。

宣德三年（1428年），李信圭向明宣宗上书说："清河地方地广人稀，又处于冲要之地，来往使节络绎不绝，每天都要调发农民去帮助挽舟。成年男丁征调完了，又征调老少男丁，这样就严重妨碍了农桑。过去兵部有规定，往来办公事的船只，事情急的每船派五人挽舟，不急的则不派。现在，这个规定不执行了，挽舟的民工越要越多，甚至有一艘船要四五十人。船上的老爷们对役夫们滥施凶威，谁敢过问此事。如遇上大风，船行很快，役夫徒步追赶不上，他们的衣服粮食都拿不下来，还要受到冻饿。希望朝廷重新强调原来的规定，哀怜这些胆小的百姓。"

　　朝廷接受了他的意见。由于运河两岸各县农民都有这个问题，于是宣德八年，李信圭又上书说："从长江、淮河地区前往京师，都要经过运河，沿河郡县都要让军民帮助挽舟。如果官船没有卫军，民夫都要由地方官发派，州县每年征发两三千人，日夜等候在那里。上边派役时，不论正常差役还是临时调派，一起下达。为应付这些征派，造成土地荒芜，存民穷困。一过灾荒，就要扶老携幼去路上乞食，情景实在可怜。请求朝廷批准，从仪真到通州这运河两岸地区，一律免去杂徭，使得农民能集中精力种田，同时提供必需的夫役。"

　　宣宗同意了这个要求，这就使得清河以外运河沿线各地农民都得以减轻负担。

◎故事感悟

　　李信圭为民着想，做到了爱民利民。这个故事也告诉我们，为官不但要"存爱民之心"，更重要的是要"行爱民之政"，也就是要在政治实践中为民谋利，造福百姓。"利民"的要义是一切政治的举措，要时刻注意为百姓兴利除弊。

◎史海撷英

李信圭呕心沥血

　　李信圭到处州后，"进耆老问风俗，禁民间生女不举，有丧不葬而焚弃者。择城北闲地数十亩为义塚，葬遗骸，凡无葬地者皆许葬其中，民大化服。方询察利病，次弟罢行之，而疾作矣。"谁能想到，这些事都是李信圭到处州后一个月之内完成的。李信圭一天只吃两顿饭，每天公务到夜间，一月处理公务几百件。这样的好官自古以来并不多见。某一年五月初八，李信圭病死于处州知府任上，终年63岁。

李充嗣慎理饥民

◎块土不能阻狂澜，匹夫不能正颓俗。——林逋

> 李充嗣（1465—1528年），字士修，号梧山。祖籍四川内江。正德中举治行卓异，巡抚河南、应天，皆有声誉，进工部尚书，修治苏松水利，加太子少保。嘉靖二年（1523年）十一月改南京兵部尚书，参赞机务。嘉靖七年（1528年）九月二十三日卒，67岁。赠太子太保，谥康和。有《梧山集》。

李充嗣是明成化二十三年（1487年）进士，弘治初授户部主事。正德九年（1514年），因"治行卓异"升右副都御史，巡抚河南。

当李充嗣来到河南上任的时候，由于河南又遇灾荒，上万灾民从四面八方汇集而来。

面对众多的灾民，开封府官员准备把他们驱赶回去，使他们到本县去接受救济。而李充嗣认为这样做不妥，他说："这些饥民已经饿到支撑不起来的程度，怎么能让他们爬回本县？过去有人说过，设粥来赈济饥民不失是个好办法，硬把他们驱赶走，让他们饿死于路上，我实在不忍心，也不能这样做。"

李充嗣的话很有道理，而且充满了人情味。但是，开封府的一些官员听了李充嗣的话却直撇嘴，认为李充嗣不过是卖弄，有些人巴望着看他的笑话！

救灾如救火，饥饿的灾民吃不上饭，随时都有被饿死的危险。救济饥民，刻不容缓。李充嗣想到这里，立刻召集官员，很快作出了具体安排。

　　李充嗣命令在四个城门附近即刻设置几十口大锅，并挑选勤快能干的吏员负责每天熬粥供给这些饥民吃。

　　就这个办法？在一边瞧热闹的官员背地里嘀咕，以为李充嗣也不过是"耗子尾巴上长疮——能水不大"。

　　风凉话刮到李充嗣的耳朵里，他只是付诸一笑，因为他很清楚像这样的话不听也罢。

　　可是，10天过去了，一些喝了粥的年轻力壮的人的体力逐渐得到了恢复，李充嗣心里有底了，以为应该实施他的第二步措施了。

　　李充嗣在舍粥官员中挑选出表现好的，负责给先返乡的青壮年发放粮食。李充嗣知道，这时给老百姓发粮食，比发放金子还要重要，因此，必须选择最忠实可靠的人去做，才能确保万无一失，使真正的灾民得到足够返乡的粮食，以免在路上饿死。

　　给返乡的灾民发放口粮的工作紧张有序地进行着，说风凉话的官员又传出了新的说法，舍粥自然是善事，可是，舍到何年何月是个头呢？得到粮食的灾民是被打发回家了。可是，那些老弱病残的饥民，却一时不肯离去。

　　那风凉话的源头，就在这里。

　　李充嗣对于这些闲言碎语并不觉得异样，因为他懂得，工作只有做彻底，才能使那些讲怪话的人彻底闭嘴。

　　李充嗣告诫负责舍粥的官员，切不可懈怠，要继续做好舍粥工作。又过了一个多月，那些老弱病残的灾民也能自如走动了，李充嗣才把他们遣送回家。由于李充嗣采取了得力的救济措施，使数以万计的饥民获得了新生。

◎故事感悟

　　在突发事件到来时，李充嗣镇定自若，顶住来自各方面的压力，从实际出发，从穷苦老百姓的利益出发，采取切实可行的措施，使救济饥民的工作得以顺利进行。李充嗣的做法，对于今天的人们说来，仍有一定的启发与教益。

◎史海撷英

李充嗣平叛乱

正德十二年（1517年），充嗣巡抚南京诸府。宁王朱宸濠叛乱，杀巡抚都御史孙遂、按察司副使许逵，并先后陷南康、九江，围安庆。李充嗣与时任南京兵部尚书的乔宇商定：乔宇固守南京城，自领一万精兵，向西屯驻采石，密派使臣到安庆城，令都指挥使杨锐坚守城池。同时，传檄内部，声称京师边兵10万，旦夕可达安庆，赶快准备军饷，以此诈敌。宸濠果然疑惧，不敢强攻。叛乱平息后，兵部及巡按御史胡洁为其请功，李充嗣进户部右侍郎，并颁诏嘉奖。不久，李充嗣升工部尚书，兼领水利事，担负疏浚苏、松河渠。

◎文苑拾萃

游大洪山

（明）李充嗣

一雨清凉万物新，省耕随地踏芳春。

明时愧我叨民牧，尚有饥寒洒泪人。

路入羊肠面面山，万寻苍翠水云间。

劳形老大浑无补，逢着幽人也厚颜。

钟化民推重良心

 ◎上不能宽国之利，下不能饱尔之饥。我饮酒，尔食
糟，尔虽不我责，我责何由逃。——欧阳修

> 钟化民（约1545—1596年），字维新，别号文陆。明仁和博陆（今属余杭区）人。
> 授惠安知县，多惠政。发现豪门权贵侵害民利官租，必绳之以法。清丈田亩，黜浮额
> 若干顷。审徭役，减虚丁2万。洛阳桥坏，渡者常溺于水，化民不顾艰难，尽力修复。

"不要官、不要命、不要钱"，这是明朝地方百姓对一位官员的称颂。这
位清官就是今余杭运河镇人、明万历年间的右佥都御史钟化民。

钟化民于神宗万历八年（1580年）考取的进士。乐平是有名的难治之县，
钟化民仔细考察民情，认为症结在于前几任官员贪赃、执法不公从而激起众
怒。他精心清理积案，深入调查，秉公执法，有些有靠山的复杂积案，他顶
着风浪，不顾险阻地去甄别、澄清、平反。百姓称他是不要官、不要命、不
要钱的"钟青天"，乐平人还将他所办的案例编成书籍。连外县百姓有冤情都
赶到乐平来申告，求"钟青天"为他们申冤。

后来，钟化民升任山西道御史。当时朝廷禁止贩马出境，钟化民上奏朝
廷准许民间可以越境贩卖，在一定程度上促进了民间养殖和贸易业的发展。
他在宁夏发现官员侵吞朝廷军饷和军粮，转嫁于百姓，向百姓滥征，于是向
朝廷揭举，请求"永停征派"，也获朝廷准许。

钟化民巡视山东，正值山东大旱。他一到任就审察刑狱，释放冤者，免
征赋税，先采取措施赈济百姓，再上报朝廷，结果触犯了权贵，被弹劾降调。

万历二十二年（1594年），河南大饥荒，饿殍遍地，已升任都御史的钟化民受命前往放粮救灾。他布衣草帽，单骑遍访灾区，慰问灾民，考察地方民政。他申请朝廷拨库银30万两，漕粮10万石，并火速通告各地，废止高价粜米禁令，以聚集商品米，同时遍设粥厂赈济灾民。他号召和安置流民还乡，重建家园。结果在他的影响下，地方官吏勤于政事，盗匪敛迹，民心安定。办完赈济，钟化民得到了皇帝褒扬，提为太常少卿。

他前往陕西了解茶政、马政，说："边塞地区土地寒冷，只有畜养马匹作为职业，现在考虑到由自由出入交换改为严厉禁止，这样百姓赖以滋生繁息的东西和境内贸易全都废去，官府和百姓急需的东西也无从得到供给。请求听任百姓越境进行买卖，只是不得进入边境各族之中。又从前宁夏缺乏粮饷，朝廷每年拿出银万两换取米2.7万石，但后来被当地官府侵吞，仍从百姓当中任意征收。请求用新垦土地上获得的粮食来补偿，并永远停止征收摊派。"

明神宗万历二十二年（1592年），河南发生大饥荒，出现人吃人现象，朝廷命令钟化民兼任河南道御史前往救济。救灾和稳定政权的措施全都实施了，老百姓很高兴。

钟化民担任官职期间工作勤奋严肃，所到之处都获得好声誉。走遍八府，接见百姓询问疾苦。任职期间劳累成疾而死，官僚百姓交互向朝廷对他加以颂扬。

钟化民长年累月地到处奔波，终于积劳成疾，病发而卒。噩耗传来，百姓失声痛哭，哀悼"钟青天"。家乡父老在当时的杭州西湖的苏堤跨虹桥为他建祠纪念。

◎故事感悟

钟化民能在百姓危难之际挺身而出，为百姓做主，这才是爱民的最好证明！爱民是个永恒的主题，孔子曰："古之为政，爱人为大。不能爱人，不能有其身。"我们必须将这个爱民这个主题一直贯彻下去。

◎史海撷英

钟化民治惠安

　　有一年，惠安城内交通枢纽洛阳桥被大水冲坍，过往行人只得摆渡过河，船少人多，常有人溺水。修复此桥工程量大、难度也很大。钟化民下定决心修复此桥，相传他预先为修桥之事祷告海神，果然潮水五天不至。钟化民召集富户筹钱，商人农工出力，自己不但捐俸禄，而且带了衙门人员亲自到工地劳动。历时年余，洛阳桥重建，造福百姓。御史安九域到福建巡视，所到之处无不歉收，唯有惠安却是一片丰收景象，征询原因，才知道是钟化民廉明公正、治理有方，于是安九域向朝廷举荐钟化民。因此，朝廷调他到乐平任职，惠安数万百姓向朝廷请留不住，乃夹道欢送钟化民。

◎文苑拾萃

再和眉士原韵

（明）钟韫

女儿桥畔接清溪，久别莺花蔓草迷。
书到几曾看过雁，梦回重与听鸣鸡。
相看此日头俱白，转忆当初发未齐。
与尔挑灯忘夜永，明朝归路下塘西。

中华传统美德百字经
ZHONGHUACHUANTONGMEIDEBAIZIJING

周忱深入下层

◎身为野老已无责，路见流民终动心。——陆游

> 周忱（1381—1453年），字恂如，号双崖。江西吉水人。永乐二年（1404年）进士，选庶吉士。自请进文渊阁，与修《永乐大典》等。授刑部主事，进员外郎。虽有经世才，但浮沉郎署20年，未得升迁。夏原吉知之，永乐二十二年（1424年）荐迁越府长史。宣德五年（1430年），又经大学士杨士奇、杨荣的赏识，被荐为工部左侍郎，巡抚江南诸府，总督税粮。

  周忱在江南任职（周忱任工部右侍郎，巡抚江南各府，总督税粮）时间久了，与当地的官吏、百姓互相熟悉得像家人父子一样。每到村庄，都不要侍从的骑卒，与农夫和送饭的妇女面对面交谈，态度平和地问他们有什么困难，为他们商量讨论解决。他对待下属，即使是小官散吏，也都真诚地咨询并接受他们的意见。对有才能的地方长官，像况钟及松江府（今上海市松江县）知府赵豫、常州府（今江苏常州）知府莫愚、同知赵泰等人，就推心置腹地与他们商量计划，一定尽量发挥他们的长处，所以各种事没有办不成的。

  他常到松江查看水利，发现嘉定县（今属上海市）、上海之间，沿江长了许多茂盛的杂草，多淤塞了河流，就疏浚长江上流，使昆山（今属江苏）、顾浦各处的水，急流奔泻而下，壅塞之物因而全被涤荡净尽。

  然而当时说起理财的人，没有超出周忱之上的。他理财以爱护人民为根本。他设立济农仓，虽然与百姓约定交粮日期，但是到时大多不去追迫索取。每年征收完毕，过了正月中旬，就下通知发放粮食，说："这是百姓交给朝廷

剩下的粮食，现在退还给百姓去用，大家努力耕种朝廷的田地，秋天时再向朝廷纳税啊！"他所做的紧与松的灵活变通，都可以为后人所效法。

代宗景泰（450—456年）初年，江北发生大饥荒，都御史王竑向周忱借3万石米。周忱为他计算到转年麦熟时所需的数量，给了他10万石。

◎故事感悟

周忱管理财政和赋税，使民不受扰害而仓廪丰足，都是他竭尽公心为国家的体现。

◎史海撷英

田粮运输的改革

粮食的运输征解是田赋制度中一个十分困难与棘手的问题。当时，江南田粮运送北京，有军运，有民运。民运中，运夫百姓的负担相当沉重，"军船给之官，民则僦舟，加以杂耗，率三石致一石，往复经年，失农业。"周忱与漕运总督陈瑄商议，将江南漕粮兑给漕军运输，具体办法是：民运至淮安或瓜洲水次交兑，然后由漕军运至通州。每正粮一石民运至淮安，加耗粮5斗，运至瓜洲，加耗5斗5升。江南卫所官军就附近仓廒直接运输，另加给过江米2斗，铺垫芦席费5合。这个办法，农民既省费用又便利，漕军也得到了实惠。

◎文苑拾萃

弃妇辞

（明）周忱

回车已驾衡门下，将去复留情不舍。
举家欲语畏郎嗔，独自登车无送者。

吞悲惟恐路人知，默默还思初嫁时。

父母殷勤受明礼，良媒宛转来通辞。

入门即听舅姑语，妇道营生在勤苦。

淡妆不用画蛾眉，朝采蚕桑暮机杼。

亦知朴陋人所厌，习成天性终难变。

丈夫有才常好新，贱妾薄命何嗟怨。

缲丝在车犹未除，亭午当炊谁下厨。

但得新人亦似此，庶免高堂烦老姑。

到家无面见邻姬，独掩寒闺双泪垂。

小时只恨青春促，今日方愁年老迟。

郑板桥护民

◎但令四海歌声平，我在甘州贫亦乐。——郭登

> 郑燮（1693—1766年），字克柔，号理庵，又号板桥。江苏兴化人，祖籍苏州。清代著名书画家、金石家、诗人。他是历史上的杰出名人，"扬州八怪"的主要代表，以"三绝诗书画"闻名于世。

乾隆元年（1736年），郑板桥考中了进士，后来被派到山东潍县做县令。

当时，正值当地连年受灾，粮食歉收，一斗粮食卖到1000多个铜钱，许多老百姓因无钱买粮，只好忍饥挨饿，在生死线上挣扎。看到这种悲惨的情景，郑板桥心里非常着急。为了赈济这些饥民，他一方面决定对潍县县城进行维修，招集当地的饥民，让他们修筑城墙，开挖护城河，以工代赈，来领取救济粮；另一方面，他派人去县里的大户人家，劝说这些富户拿出粮食，开设粥厂，施舍饥民。

同时，为了稳定社会，郑板桥还采取了一些比较严厉的措施，特别是对于那些乘荒年囤积居奇，企图攫取暴利的不法商人，都命人查封，责令他们按照平常年景的价钱卖粮，不许哄抬粮价，这样稳定了粮食市场，也就稳定了人心。还有凡是一因为粮食纠纷争论上官府的，郑板桥总是偏袒贫苦之人，而重责奸商富民。

那些用钱捐了监生的富户，以粮食纠纷上告到郑板桥，想让他惩罚百姓。

郑板桥升堂以后,把这些人召上堂来,先怒目圆睁地大骂道:"你们这些驮钱的骡子,有什么要对老爷说的?"有些不待他们说完,就命手下人抢下他们头上的帽子,用脚踏扁;有的则让人揪住他们的头发,用墨笔在他们的脸上乱涂一气,随后就把他们轰下大堂。

这样一来,当地的富豪奸商知道郑板桥偏袒老百姓,都非常害怕他,而当地的贫苦百姓,因为郑板桥的救济,得以度过灾荒生存下来。

◎故事感悟

郑板桥热爱劳动人民,认为劳动人民是一切社会财富的创造者,是国家的主人。这种"以民为本"的观念,违背了当时皇权高于一切的封建思想。他虽然身为清王朝的大臣,但在地方执政时,尽力为人民办好事,关心人民疾苦,做到"一枝一叶总关情",他的思想和行为至今仍值得我们学习和借鉴。

◎史海撷英

郑板桥卖画扬州

由于生活困苦,郑板桥在30岁以后卖掉以前开的学馆,到扬州以卖画为生,实救困贫,托名"风雅"。在扬州卖画的十年期间,也穿插着一些旅游活动。

不幸的是,徐夫人所生之子去世,郑板桥曾作诗以致哀。郑板桥32岁出游江西,于庐山结识无方上人和满洲士人保禄。33岁出游北京,与禅宗尊宿及其门羽林诸子弟交游,放言高论,臧否人物,因而得狂名。在京期间,他结识了紫琼崖主人。35岁客于通州。36岁读书于扬州天宁寺,手写《四书》各一部。37岁时,作《道情十首》初稿。39岁,徐夫人病殁。郑板桥十载扬州,结识了许多画友,金农、黄慎等都与他过往甚密,对他的创作思想乃至性格都有极大的影响。

◎文苑拾萃

桃叶渡

（清）郑板桥

桥低红板，正秦淮水长，绿杨飘撇。

管领春风陪舞燕，带露含凄惜别。

烟软梨花，雨娇寒食，芳草催时节。

画船箫鼓，歌声缭绕空阔。

究竟桃叶桃根，古今岂少，色艺称双绝？

一缕红丝偏系左，闺阁几多埋没。

假使夷光，苎萝终老，谁道倾城哲？

王郎一曲，千秋艳说江楫。

怀良知以德化民

◎住世一日，则做一日好人，居官一日，则做一日好
事。——罗大经

陆陇其（1630—1692年），原名尤其，字稼书。浙江平湖人。清代理学家。康熙九年（1670年）进士，任河北省灵寿县知县，康熙十四年四月授嘉定（今属上海）知县，康熙二十二年（1683年），魏象枢以"天下第一清廉"为由，荐举陆陇其补转知灵寿（今属河北），以清正廉洁而著称。以疾归家，离任时，只带了几卷图书和妻子的织布机。俞鹤湖诗赞曰："有官贫过无官日，去任荣于到任时。"清康熙三十一年（1692年）卒。

陆陇其于康熙十四年（675年）授官为江南嘉定（今属上海）知县。嘉定是大县，传统多为奢侈习惯。

陆陇其保持俭省节约的作风，致力于以道德感化百姓。有时遇到父亲讼告其子，陆知县流着泪开导教育他，结果儿子扶着父亲回家并且很好地侍奉他；一个弟弟讼告自己的哥哥，知县察明那怂恿打官司的人，杖责了那人，使他们兄弟都深受感动而悔悟。

一个恶少纵容他的手下人做残暴的事，知县在大街上惩罚他，看他悔过了便释放。一个豪强人家的仆人抢夺一个背柴草人的妻子，知县就派衙役将他逮捕治罪，那豪强改变了平日的坏作风，成为一个守本分的人。

陆陇其做灵寿县令的时候，颇有政声。他处理事情总是不动声色，达到了"无声胜有声"的效果。

一天，有个老太太控告她的儿子忤逆。陆陇其立即将他的儿子叫到跟前，

一看，原来是一个还没有成年的男孩，陆陇其对老太太说："我官署里正缺少小童，你儿子暂时可以在这里服役，等到有人代替，我再教育他。"于是命那少年在他左右，寸步不离。陆陇其每天早晨起床便毕恭毕敬地站在太夫人房外，太夫人一起床立即进上洗漱用具，然后再进上茗饵。吃中饭时，他侍候在饭桌边，给母亲献上好吃的食物，而且笑容可掬，等到母亲吃饱，自己才去吃她剩下的饭菜。陆陇其一有工夫，就坐在母亲身边，给她讲一些故事或民间传说，使她愉快。太夫人稍有不舒服，陆陇其就为她扶腋搔痒，取药倒水，几夜不睡，毫无倦意。

这样过了几月，那少年突然跪在陆陇其面前，请求回家。陆陇其故意说："你们母子不和，为什么要回去呢？"那少年哭着回答："小人一向不懂礼，得罪母亲，看到您的所作所为后悔不已。"陆陇其唤来他的母亲，母子相见，抱头痛哭。后来，那少年成了远近闻名的孝子。

◎故事感悟

陆陇其以自己的实际行动和高风亮节，在人们心目中筑起了一座无形的丰碑，值得称道。

◎史海撷英

陆陇其的理学思想

陆陇其终身佩服朱熹，以朱熹的是非为是非，认为"宗朱子者为正学，不宗朱子者即非正学……今有不宗朱子之学者，亦当绝其道，勿使并进"，反对王守仁"致良知"说，被清廷誉为"本朝理学儒臣第一"，与陆世仪并称"二陆"。死谥清献，从祀孔庙。著有《困勉录》、《读书志疑》、《三鱼堂文集》等。

中华传统美德百字经
ZHONGHUACHUANTONGMEIDEBAIZIJING

◎文苑拾萃

田家行

（清）陆陇其

谁云田家苦，田家亦可娱。

上年虽遭水，禾黍多荒芜。

今年小麦熟，妇子尽足哺。

所惧欠官钱，目下便当输。

昨夜府檄下，兵饷尚未敷。

里长惊相告，少缓自速辜。

不怕长吏庭，鞭挞伤肌肤。

但恐上官怒，谓我县令懦。

伤肤犹且可，令懦当改图。

阳春变霜雪，尔悔不迟乎。

急往富家问，倍息犹胜无。

田中青青麦，已是他人租。

闻说朝廷上，方问民苦荼。

贡赋有常经，谁敢咨且吁。

不愿议蠲免，但愿缓追呼。

许季觉心存良知救饥民

◎哀哉流民！何时天雨粟，使女俱生存。——张养浩

> 许季觉（生卒年不详），浙江海宁人。少尚侠，既折节读书。居亲丧，水浆不入口者七日，杖而后起。含殓、殡葬、虞祔、卒哭、祥禫皆用古礼。葬，躬负土，庐于侧，朝夕哭不辍。季觉故与同县查氏交密，查氏贵，营葬侵许氏墓地。季觉曰："吾不能以友卖亲。"讼连年不决，亲朋居间，季觉终不让。查氏诬季觉通海，逮狱，有为辩者，狱稍解，避地山阴。查氏复诬以他事，再逮狱。季觉度不免，狱中碎瓷盎吞之，死。

在海宁，至今流传着许季觉救助饥民的感人故事。

清朝顺治年间，浙江海宁县连年遭灾，饥民流离载道，没有人给予救济。海宁县平民许季觉对此深感忧虑，他认为灾荒这么严重，官府应该救济灾民。

于是，许季觉给官府写信，用非常激烈的言辞恳求官府迅速采取措施。

但是，许季觉的信，如同石沉大海，杳无回音，怎么回事？县衙门也不大，只要衙门正门开着，站在当街上，一眼就能看到里头，对于救济灾民这么大的事情，怎么会没有任何反应呢？许季觉在心里嘀咕，没有想出答案。

许季觉打定了主意，要找县官当面理论。

那是一个阴云密布的下午，雷声隆隆，眼看就要下雨了，许季觉怕手中的信被雨水打湿，便把它揣在怀中，放在自己的心口上。他一路往县衙来，见衙门的正门开着，但里边却没有任何动静，给人死气沉沉的感觉。

见到这样的情形，许季觉心里想，就这样不肯主动为老百姓做主的衙门，早该寿终正寝了。他心里这样想，却赶紧把自己的嘴堵住，他知道自己有嘴对心的毛病，见了不平的事情，就要说。如今，不是泄愤而后快的时候，有多少快被饿死的饥民等着救济呢。想到这里，许季觉加快了脚步，直奔衙门而来。他走进门来，有人从门房里跑出来，把他叫住了，问他干什么。他见那人贼眉鼠眼，根本就不可能是好人，却是衙门看门的。许季觉对他说："我是本县平民，叫许季觉，是来送信的。"

看门人听说他就是许季觉，脸上掠过一丝奸笑，对他说："你的信，我们老爷已经收到了。我们老爷说了，他公事繁忙，还请多多见谅。"

听看门人这么说，许季觉的火气顿时涌上心头，他问看门人："你们老爷的公事，不就是刮地皮，勒索百姓，过着养尊处优的生活吗？"

"你怎么说话呢？我们老爷真的没看错你，实话告诉你，我们老爷说了，他就是不爱听你说话，还写什么为民请命的信，老爷不为民做主，要老爷干什么？还用得着你来操心？我们老爷说了，他根本就不管救济的事儿。你赶快给我出去。"说着，就把许季觉推了出来，反手就把大门插上了。

这时，炸雷与闪电一起向大地袭来，大雨瓢泼似的下了起来。许季觉心想，像这样的衙门，老天爷怎么不摧毁它？

连县衙的门都进不去的许季觉，还能指望官府给老百姓救济吗？这时，许季觉猛然顿悟，这件事情，只有靠自己想办法解决了。

一夜没合眼的许季觉终于打好了主意，从现在开始，他要做真正的"公事"了，他要当事实上的"县官"了。

许季觉的"公事"是从调查摸底入手的，海宁县究竟有多少大姓人家？他们究竟有多少积蓄？他把这些情况一一调查清楚了，然后，他按每一个大户的积蓄规定应出多少救济粮算了出来。他把这些情况写成一张大榜，上边开列大户姓名，以及应捐粮的数量，把它贴在县城里的大街上。

老百姓看了这张榜都很赞成，迫使榜上开列的大户按照要求捐出自己的存粮，这样共得到数万石救济粮。然后，他又对本县饥民情况进行了调查，哪一村遭了灾，灾民户主的年龄、容貌，该户人口数等情况都进行了登记。

接着，许季觉通知灾民，按规定日期去本县城隍庙领取救济粮。领粮时，他根据预先调查的情况，按顺序发放，每户灾民都得到了自己应得的救济。受过救济的农民都非常感激许季觉，一旦许季觉从他们那里经过，农民必定扶老携幼排列道旁，手里拿着长香向他拜谢。

当地人都说："许公救了我们的命啊！"每听到老百姓对自己的赞颂，许季觉总是觉得天是晴朗的，哪怕正是霹雷闪电的时候，他的心里依旧十分坦然。

◎故事感悟

许季觉问心无愧。他在百姓处于危难之际，想方设法拯救饥民。他这种深怀爱民之心、恪守为民之责的作风值得大家去学习！

◎史海撷英

顺治执政

6岁登上王位的顺治帝，是在多智多勇又独断专行的叔父多尔衮与深明大义的寡母孝庄文皇后教导之下成长起来的皇帝。多尔衮摄政7年间，清廷在以武力统一全国的过程中，发兵追剿李自成、张献忠的农民起义军和南明抗清势力，推行剃发易服、圈地等民族高压政策。多尔衮病逝后，顺治开始摆脱傀儡地位，对多尔衮实行了削除封号爵位、罢撤庙享谥号、籍没家财等身后惩处。为加强皇权，他废除了诸王贝勒管理各部事务的旧例，又采取了停止圈地。放宽逃人法等一系列缓和民族矛盾的措施。尽管顺治很想有番作为，也颇为中原文化所吸引，但终因他周围尚未形成一支以他为主导的强有力的政治势力，致使他在与朝中反对汉化的勋旧大臣的较量中败下阵来。

◎文苑拾萃

无 题

（清）爱新觉罗·福临

天下丛林饭似山，钵盂到处任君餐。

黄金白玉非为贵，惟有袈裟披肩难。

朕为大地山河主，忧国忧民事转烦。

百年三万六千日，不及僧家半日闲。

来时糊涂去时迷，空在人间走这回。

未曾生我谁是我，生我之时我是谁？

长大成人方是我，合眼朦胧又是谁？

不如不来又不去，来时欢喜去时悲。

悲欢离合多劳虑，何日清闲谁得知？

若能了达僧家事，从此回头不算迟。

世间难比出家人，无忧无虑得安宜。

口中吃得清和味，身上常穿百衲衣。

五湖四海为上客，皆因屡世种菩提。

个个都是真罗汉，披搭如来三等衣。

金乌玉兔东复西，为人切莫用心机。

百年世事三更梦，万里乾坤一局棋。

禹开九州汤放桀，秦吞六国汉登基。

古来多少英雄汉，南北山头卧土泥。

黄袍换得紫袈裟，只为当年一念差。

我本西方一衲子，为何生在帝王家？

十八年来不自由，南征北讨几时休？

我今撒手西方去，不管千秋与万秋。